臻经典丛书

把大学彻底说明白

张源 著

花山文艺出版社
河北·石家庄

图书在版编目（CIP）数据

把大学彻底说明白 / 张源著. —石家庄：花山文艺出版社，2023.8
ISBN 978-7-5511-6474-0

Ⅰ.①把… Ⅱ.①张… Ⅲ.①儒家 ②《大学》－研究 Ⅳ.①B222.15

中国国家版本馆CIP数据核字(2023)第130045号

书　　名：	**把大学彻底说明白** Ba Daxue Chedi Shuo Mingbai
著　　者：	张　源
策　　划：	张采鑫　崔正山
责任编辑：	张采鑫　李　鸥
特约编辑：	苏会领
责任校对：	李　鸥
装帧设计：	九章文化
封面设计：	末末美书
美术编辑：	胡彤亮
出版发行：	花山文艺出版社（邮政编码：050061） （河北省石家庄市友谊北大街330号）
销售热线：	0311-88643299
印　　刷：	固安兰星球彩色印刷有限公司
经　　销：	新华书店
开　　本：	880×1230　1/32
印　　张：	6.25
字　　数：	100千字
版　　次：	2023年8月第1版 2023年8月第1次印刷
书　　号：	ISBN 978-7-5511-6474-0
定　　价：	55.00元

（版权所有　翻印必究·印装有误　负责调换）

作者简介

张源，1968年生，毕业于上海交通大学。早年从商，2000年后致力于探寻中华文化的源流，研释国学经典的真义，揭示社会人生的真谛。多年来，与其"臻经典"的同仁们一起，对儒释道三家经典进行了系统的梳理、阐释和解义，涉及儒家《论语》《大学》《中庸》《孟子》《诗经》《尚书》等，道家《道德经》《文子》《庄子》《列子》《关尹子》《亢仓子》等，佛家《楞严经》《妙法莲华经》《心经》《金刚经》《六祖坛经》《楞伽经》《圆觉经》《中论》等，以及上博简、郭店简、马王堆帛书、清华简、各种青铜铭文等诸多出土文献，对中华传统文化进行了系统性概括和提炼，即"大道三观"和"圣教五纲"，并以此引导人们对中华优秀传统文化中蕴含的人文精神和价值观的理解和传承。

目 录

导　读	1
一、《大学》臻经典改本简介	2
二、《大学》臻经典改本全文	3
三、《大学》臻经典改本篇章结构简介	9
四、关键词诠释	23
第一章　总述三纲八目	27
第一节　总述三纲	28
第二节　转折	38
第三节　总述八目	40

第二章	详述三纲关系	47
第一节	明明德	52
第二节	亲民	68
第三节	止于至善	82

第三章	详述八目关系	97
第一节	格物致知	100
第二节	诚意正心	110
第三节	正心修身	118
第四节	修身齐家	123
第五节	齐家治国	130
第六节	治国平天下	143

附 录	同仁问答	185

导读

一、《大学》臻经典改本简介

本文以《礼记》第四十二篇《大学》为底本（文中句前序号，为底本语句顺序号），全文2200字左右，文字未作增删，根据"中华圣教五纲"（道、德、仁、义、礼）的章法以及"中华大道三观"（唯公无私的价值观、唯用无我的人生观、唯道无物的世界观）的逻辑（合称"三观五纲"），重新排序。谨列提纲及名词释读（见下），以供索隐探微。

全篇的关键词两个，是"知本"和"知之至"：

知本这个"本"就是修身为本，就是止于至善，就是无私之行，这个"本"既是入手修行的根本，也是得道化民的根本，是中华圣教的根本，即道之用。

知之至就是致知，就是"唯道无物"，就是证入大道、归仁成圣，就是明明德，既是内圣证体所归之极致，也是外王起用所依之极致，是中华大道的极致，即道之体。

二、《大学》臻经典改本全文

（说明：句前序号为《礼记》第四十二篇《大学》的原语句顺序，新排序为臻经典改本语句顺序）

[1]大学之道，在明明德，在亲民，在止于至善。

[3]物有本末，事有终始，知所先后，则近道矣。

[4]古之欲明明德于天下者，先治其国；欲治其国者，先齐其家；欲齐其家者，先修其身；欲修其身者，先正其心；欲正其心者，先诚其意；欲诚其意者，先致其知。致知在格物。物格而后知至，知至而后意诚，意诚而后心正，心正而后身修，身修而后家齐，家齐而后国治，国治而后天下平。

[15]《康诰》曰："克明德。"[16]《大甲》曰："顾諟天之明命。"[17]《帝典》曰："克明峻德。"[18]皆自明也。

〔12〕《诗》云:"瞻彼淇奥,绿竹猗猗。有匪君子,如切如磋,如琢如磨。瑟兮僩兮,赫兮喧兮,有匪君子,终不可谖兮。""如切如磋者,道学也。如琢如磨者,自修也。瑟兮僩兮者,恂栗也;赫兮喧兮者,威仪也。有匪君子,终不可谖兮者,道盛德至善,民之不能忘也。"

〔43〕《楚书》曰:"楚国无以为宝,惟善以为宝。"〔44〕舅犯曰:"亡人无以为宝,仁亲以为宝。"

〔13〕《诗》云:"於戏!前王不忘。"〔14〕君子贤其贤而亲其亲,小人乐其乐而利其利,此以没世不忘也。

〔19〕汤之《盘铭》曰:"苟日新,日日新,又日新。"〔20〕《康诰》曰:"作新民。"〔21〕《诗》云:"周虽旧邦,其命维新。"〔22〕是故,君子无所不用其极。

〔23〕《诗》云:"邦畿千里,惟民所止。"《诗》云:"缗蛮黄鸟,止于丘隅。"子曰:"于止,知其所止,可以人而不如鸟乎?"

〔24〕《诗》云:"穆穆文王,於缉熙敬止。"为人君,止于仁;为人臣,止于敬;为人子,止于孝;为人父,止于慈;与国人交,止于信。

〔25〕子曰:"听讼,吾犹人也。必也使无讼乎!"无情者,不得尽其辞,大畏民志。〔26〕此谓知本。

〔2〕知止而后有定，定而后能静，静而后能安，安而后能虑，虑而后能得。〔8〕此谓知之至也。

〔9〕所谓诚其意者，毋自欺也。如恶恶臭，如好好色，此之谓自谦，故君子必慎其独也。〔10〕小人闲居为不善，无所不至，见君子而后厌然，掩其不善，而著其善。人之视己，如见其肺肝然，则何益矣？此谓诚于中，形于外。故君子必慎其独也。

〔11〕曾子曰："十目所视，十手所指，其严乎！富润屋，德润身，心广体胖，故君子必诚其意。"

〔27〕所谓修身在正其心者：身有所忿懥则不得其正，有所恐惧则不得其正，有所好乐则不得其正，有所忧患则不得其正。

〔28〕心不在焉，视而不见，听而不闻，食而不知其味。此谓修身在正其心。

〔29〕所谓齐其家在修其身者：人之其所亲爱而辟焉，之其所贱恶而辟焉，之其所畏敬而辟焉，之其所哀矜而辟焉，之其所敖惰而辟焉。〔30〕故好而知其恶，恶而知其美者，天下鲜矣。故谚有之曰："人莫知其子之恶，莫知其苗之硕。"此谓身不修，不可以齐其家。

〔5〕自天子以至于庶人，壹是皆以修身为本。〔6〕其本乱而末治者，否矣。其所厚者薄，而其所薄者厚，未之有也。〔7〕此谓知本。

〔31〕所谓治国必齐其家者：其家不可教而能教人者，无之。故君子不出家而成教于国。孝者，所以事君也；弟者，所以事长也；慈者，所以使众也。〔32〕《康诰》曰："如保赤子。"心诚求之，虽不中，不远矣。〔33〕未有学养子而后嫁者也。〔34〕一家仁，一国兴仁；一家让，一国兴让；一人贪戾，一国作乱。其机如此。此谓一言偾事，一人定国。尧、舜帅天下以仁，而民从之；桀、纣帅天下以暴，而民从之。其所令反其所好，而民不从。是故君子有诸己，而后求诸人；无诸己，而后非诸人。所藏乎身不恕，而能喻诸人者，未之有也。故治国在齐其家。

〔35〕《诗》云："桃之夭夭，其叶蓁蓁。之子于归，宜其家人。"宜其家人，而后可以教国人。《诗》云："宜兄宜弟。"宜兄宜弟，而后可以教国人。《诗》云："其仪不忒，正是四国。"其为父子、兄弟足法，而后民法之也。此谓治国在齐其家。

〔36〕所谓平天下在治其国者：上老老而民兴孝，上长长而民兴弟，上恤孤而民不倍，是以君子有絜矩之道也。所恶于

上,毋以使下;所恶于下,毋以事上;所恶于前,毋以先后;所恶于后,毋以从前;所恶于右,毋以交于左;所恶于左,毋以交于右。此之谓絜矩之道。

[38]《诗》云:"节彼南山,维石岩岩。赫赫师尹,民具尔瞻。"[39]有国者不可以不慎,辟则为天下僇矣。《诗》云:"殷之未丧师,克配上帝。仪监于殷,峻命不易。"[40]道得众,则得国;失众,则失国。[49]是故君子有大道:必忠信以得之,骄泰以失之。

[45]《秦誓》曰:"若有一介臣,断断兮,无他技,其心休休焉,其如有容焉。人之有技,若己有之;人之彦圣,其心好之,不啻若自其口出,实能容之。以能保我子孙黎民,尚亦有利哉!人之有技,媢嫉以恶之;人之彦圣,而违之俾不通;实不能容。以不能保我子孙黎民,亦曰殆哉!"[47]见贤而不能举,举而不能先,命也;见不善而不能退,退而不能远,过也。[46]唯仁人,放流之,迸诸四夷,不与同中国。此谓唯仁人,为能爱人,能恶人。

[50]生财有大道:生之者众,食之者寡,为之者疾,用之者舒,则财恒足矣。仁者以财发身,不仁者以身发财。未有上好仁而下不好义者也,未有好义其事不终者也,未有府库财非其财者也。[51]孟献子曰:"畜马乘,不察于鸡豚;伐冰

之家，不畜牛羊；百乘之家，不畜聚敛之臣。与其有聚敛之臣，宁有盗臣。"此谓国不以利为利，以义为利也。长国家而务财用者，必自小人矣。彼为善之，小人之使为国家，灾害并至，虽有善者，亦无如之何矣。此谓国不以利为利，以义为利也。

〔37〕《诗》云："乐只君子，民之父母。"民之所好好之，民之所恶恶之，此之谓民之父母。〔48〕好人之所恶，恶人之所好，是谓拂人之性，灾必逮夫身。

〔41〕是故君子先慎乎德。有德此有人，有人此有土，有土此有财，有财此有用。德者，本也；财者，末也。外本内末，争民施夺。是故财聚则民散，财散则民聚。是故言悖而出者，亦悖而入；货悖而入者，亦悖而出。〔42〕《康诰》曰："惟命不于常。"道善，则得之；不善，则失之矣。

三、《大学》臻经典改本篇章结构简介

我们用的这个本子既不是朱熹的本子,也不是《礼记·大学》的古本。历史上,《大学》有多家的改本,我们都没有采用,用的是自己独立的改本。这个本子还是依据《礼记》的古本,原文文字未作任何增删,只是对一些语句作了顺序调整。调整的原因涉及经文的义理、文章的结构以及整个中华大道和圣人之教的理论体系,比较复杂,暂不在此展开讨论,前面已经把这篇改本的文本呈现给了大家。

下面介绍一下这篇文章的结构。

我们读文章,尤其是阅读上古、先秦的文章,一定要养成一个习惯,就是要学会站在高处,在掌握全篇脉络、指向以后,再深入到每一个意群、每一句话、每一个字词里去释读,而不要颠倒过来。如果颠倒过来,从字词下手

去探究文章的义理，就是本末倒置了。因为，要写成一篇文章，都是先有义理逻辑然后才有文字的，是顺着义理脉络往下丰富内容的，而不是堆积词汇从下往上写的。所以，我们就要按照文章立意本有的三观高度来释读它。

《大学》是曾子写的。孔子是儒家的第一代祖师，曾子是第二代，子思是第三代，孟子是第四代。他们或著或述的"四书"，实际上是"同一本书"，其义理、结构、旨归的三观五纲高度都是一样的，只是开合、论述形式和侧重点有一些不同而已。

《大学》在"四书"里面是最精简的，全文一共2200字左右。字虽少，但它有中华圣人之教的完整脉络、构架、关键节点，内圣外王的体系全都讲到了；但是又因为它太浓缩，所以需要适当展开一些来为大家解读，否则很难领悟《大学》的伟岸、深邃和高远。

我们将借助下面这张《大学》的脉络章句结构导图，为大家讲解这部经典。（见《〈大学〉脉络章句结构导图》）

《大学》臻经典改本的总体结构分为三大部分：

第一部分：总述三纲八目。

第二部分：详述三纲关系。

第三部分：详述八目关系。

三大部分中的任一部分也还有细分：

第一部分总述三纲八目的逻辑，一共三段，讲清了三纲和八目的关系：并列关系、开合关系；三纲是浓缩，八目是展开。

第1段：点出三纲，开门见山

大学之道，在明明德，在亲民，在止于至善。

第2段：转折，承上启下

物有本末，事有终始，知所先后，则近道矣。（转折）

第3段：总述八目

古之欲明明德于天下者，先治其国；欲治其国者，先齐其家；欲齐其家者，先修其身；欲修其身者，先正其心；欲正其心者，先诚其意；欲诚其意者，先致其知。致知在格物。物格而后知至，知至而后意诚，意诚而后心正，心正而后身修，身修而后家齐，家齐而后国治，国治而后天下平。

第二部分详述三纲关系，是单独讲三纲的，也分为三小部分：

（一）第4、5段讲明明德。

第4段话讲的是世界观层面,即"明明德"的目标在自明。

《康诰》曰:"克明德。"《大甲》曰:"顾諟天之明命。"《帝典》曰:"克明峻德。"皆自明也。

第5段讲述"明明德"的方法与作用。

《诗》云:"瞻彼淇奥,绿竹猗猗。有匪君子,如切如磋,如琢如磨。瑟兮僴兮,赫兮喧兮,有匪君子,终不可谖兮。"如切如磋者,道学也;如琢如磨者,自修也。瑟兮僴兮者,恂栗也;赫兮喧兮者,威仪也。有匪君子,终不可谖兮者,道盛德至善,民之不能忘也。"

(二)第6、7、8三段讲亲民。

第6段讲述爱民、亲民,以仁为宝,这属于人生观。

《楚书》曰:"楚国无以为宝,惟善以为宝。"舅犯曰:"亡人无以为宝,仁亲以为宝。"

第7段讲述养民,使君子与小人各得其所。

《诗》云:"於戏!前王不忘。"君子贤其贤而亲其亲,小人乐其乐而利其利,此以没世不忘也。

第8段讲述化民,其命维新。

汤之《盘铭》曰:"苟日新,日日新,又日新。"《康诰》曰:"作新民。"《诗》云:"周虽旧邦,其命维新。"

是故，君子无所不用其极。

（三）第9、10、11三段讲止于至善，这属于价值观层面。第9段讲述人皆有止。

《诗》云："邦畿千里，惟民所止。"《诗》云："缗蛮黄鸟，止于丘隅。"子曰："于止，知其所止，可以人而不如鸟乎？"

第10段述各止其善。

《诗》云："穆穆文王，於缉熙敬止。"为人君，止于仁；为人臣，止于敬；为人子，止于孝；为人父，止于慈；与国人交，止于信。

第11段讲述至善为本。

子曰："听讼，吾犹人也。必也使无讼乎！"无情者，不得尽其辞，大畏民志。此谓知本。

第三部分详述八目关系，是单独讲八目的，分为六小部分：

第12段讲格物致知。

知止而后有定，定而后能静，静而后能安，安而后能虑，虑而后能得。此谓知之至也。

第13、14段讲诚意正心。

所谓诚其意者，毋自欺也。如恶恶臭，如好好色，此之谓自谦，故君子必慎其独也。小人闲居为不善，无所不至，见君子而后厌然，掩其不善，而著其善。人之视己，如见其肺肝然，则何益矣？此谓诚于中，形于外。故君子必慎其独也。

曾子曰："十目所视，十手所指，其严乎！富润屋，德润身，心广体胖，故君子必诚其意。"

第15、16段讲正心修身。

所谓修身在正其心者：身有所忿懥则不得其正，有所恐惧则不得其正，有所好乐则不得其正，有所忧患则不得其正。

心不在焉，视而不见，听而不闻，食而不知其味。此谓修身在正其心。

第17、18段讲修身齐家。

所谓齐其家在修其身者：人之其所亲爱而辟焉，之其所贱恶而辟焉，之其所畏敬而辟焉，之其所哀矜而辟焉，之其所敖惰而辟焉。故好而知其恶，恶而知其美者，天下鲜矣。故谚有之曰："人莫知其子之恶，莫知其苗之硕。"此谓身不修，不可以齐其家。

自天子以至于庶人，壹是皆以修身为本。其本乱而末治者，否矣。其所厚者薄，而其所薄者厚，未之有也。此谓知本。

第19、20段讲齐家治国。

所谓治国必齐其家者：其家不可教而能教人者，无之。故君子不出家而成教于国。孝者，所以事君也；弟者，所以事长也；慈者，所以使众也。《康诰》曰："如保赤子。"心诚求之，虽不中，不远矣。未有学养子而后嫁者也。一家仁，一国兴仁；一家让，一国兴让；一人贪戾，一国作乱。其机如此。此谓一言偾事，一人定国。尧、舜帅天下以仁，而民从之；桀、纣帅天下以暴，而民从之。其所令反其所好，而民不从。是故君子有诸己，而后求诸人；无诸己，而后非诸人。所藏乎身不恕，而能喻诸人者，未之有也。故治国在齐其家。

《诗》云："桃之夭夭，其叶蓁蓁。之子于归，宜其家人。"宜其家人，而后可以教国人。《诗》云："宜兄宜弟。"宜兄宜弟，而后可以教国人。《诗》云："其仪不忒，正是四国。"其为父子、兄弟足法，而后民法之也。此谓治国在齐其家。

第21到26段讲治国平天下。

所谓平天下在治其国者：上老老而民兴孝，上长长而民兴弟，上恤孤而民不倍，是以君子有絜矩之道也。所恶于上，毋以使下；所恶于下，毋以事上；所恶于前，毋以先后；所恶于后，毋以从前；所恶于右，毋以交于左；所恶于左，毋以交于右。此之谓絜矩之道。

《诗》云："节彼南山，维石岩岩。赫赫师尹，民具尔瞻。"有国者不可以不慎，辟则为天下僇矣。《诗》云："殷之未丧师，克配上帝。仪监于殷，峻命不易。"道得众，则得国；失众，则失国。是故君子有大道：必忠信以得之，骄泰以失之。

《秦誓》曰："若有一介臣，断断兮，无他技，其心休休焉，其如有容焉。人之有技，若己有之；人之彦圣，其心好之，不啻若自其口出，实能容之。以能保我子孙黎民，尚亦有利哉！人之有技，媢嫉以恶之；人之彦圣，而违之俾不通；实不能容。以不能保我子孙黎民，亦曰殆哉！"见贤而不能举，举而不能先，命也；见不善而不能退，退而不能远，过也。唯仁人，放流之，迸诸四夷，不与同中国。此谓唯仁人，为能爱人，能恶人。

生财有大道：生之者众，食之者寡，为之者疾，用之者舒，则财恒足矣。仁者以财发身，不仁者以身发财。未有上好仁而下不好义者也，未有好义其事不终者也，未有府库财非其财者也。孟献子曰："畜马乘，不察于鸡豚；伐冰之家，不畜牛羊；百乘之家，不畜聚敛之臣。与其有聚敛之臣，宁有盗臣。"此谓国不以利为利，以义为利也。长国家而务财用者，必自小人矣。彼为善之，小人之使为国家，灾害并至，虽有善者，亦无如之何矣。此谓国不以利为利，以义为利也。

《诗》云："乐只君子，民之父母。"民之所好好之，民之所恶恶之，此之谓民之父母。[48]好人之所恶，恶人之所好，是谓拂人之性，灾必逮夫身。

是故君子先慎乎德。有德此有人，有人此有土，有土此有财，有财此有用。德者，本也；财者，末也。外本内末，争民施夺。是故财聚则民散，财散则民聚。是故言悖而出者，亦悖而入；货悖而入者，亦悖而出。《康诰》曰："惟命不于常。"道善，则得之；不善，则失之矣。

这篇文章的整体结构非常清晰，一定要先把这个结构记住，千万不要上来就深入到字词里面去。可以看出，这篇文章有两层脉络：

第一层脉络是总述三纲八目、详述三纲关系、详述八目关系；

第二层脉络是对三纲八目进一步细分：

（一）总述三纲八目里分三层，讲三纲、讲八目，中间是个转折；

（二）详述三纲关系也分为三层，明明德、亲民、止于至善；

（三）详述八目关系分为六部分：格物致知、诚意正心、正心修身、修身齐家、齐家治国、治国平天下。其中格物致知和诚意正心构成了递进关系；正心修身、修身齐家、齐家治国、治国平天下都是有因果关系和递进关系的，大家如果用我所提出的思考问题"五把钥匙"，即圣凡、因果、内外、知行、体用，来开解的话，都能开解出这个结果。

下面把更细的结构再报告一下。

详述三纲部分：

（一）明明德。明明德又分为两层：第一层是目标，即自明；第二层是方法和作用。先告诉大家要建立"明明德"的目标，然后再解释"明明德"的方法、作用。

（二）亲民。亲民分为三层：第一层是爱民，第二层是养民，第三层是化民。

爱民是内，养民和化民都是外。再进一步展开，爱民是"以仁为宝"，"无我"之上的境界谓之仁。养民是君子与小人"各得其所"，就是"君子贤其贤而亲其亲，小人乐其乐而利其利"，也就是君子求仁得仁、小人求利得利，君子得精神所养、百姓得物质所养，这都属于养民的范畴。化民就是"其命维新"，就是"苟日新，日日新，又日新"。

（三）止于至善。"止于至善"也包含三层意思：

第一层是"人皆有止"，"止"就是安住，即明确追求的方向。

第二层是"各止其善"，也就是说，善的体现是分层分类的，不是说只有一种价值观层面的善，善分价值观层面的善、人生观层面的善和世界观层面的善，这是从层次上讲；如果从事务上讲或者从身份上讲，有君之善、臣之善、父之善、子之善、人与人之善，有各种角度的善。

第三层讲的是"至善为本"，点出了"至善"。不论开解出多少种善，但是善的"本"是"至善"。

也就是说"止于至善"这一条要分成这三层来理解。

详述八目部分：

这部分有六个句群：格物致知、诚意正心、正心修身、修身齐家、齐家治国、治国平天下。

这部分的结构，再给大家报告一下。

（一）格物致知，讲的就是"证入真空大道"。只有一句话，就是由本六步入道。

（二）诚意正心，就是"大道无物无我"，分为两部分："无物源于心之真空""无我源于无物"。也就是说，人生观是根植于世界观的，没有世界观的"无物"，就不可能有人生观的"无我"。

（三）正心修身，就是"无我自然无私"。这条也分为两部分："无私源于无我""无我自然无私"。"正心"就是无我的状态，修身就是要修到无私；因位叫修身，果位叫身修。修身为本，就是抓住修身这个入道的根本，也是起用的根本。

（四）修身齐家，就是"无私自然家齐"，这是果位的表达。这条也分为两部分："家齐源于身修""身修治乱之本"——治之本也是身修，乱之本还是身修。所以修身是治乱之本；身修了，肯定是治而不会乱了。

（五）齐家治国，就是"家齐自然国治"。也分为两部分："国治源于家齐""家齐自然国治"。

（六）治国平天下，就是"国治自然天下平"。这条分为六部分：先慎乎德、有德有人、有人有土、有土有财、有财有用，最后总结回到根本：修身为本。

这六部分内容是递进关系。

格物致知是从"止于至善"开始证入真空大道，各个层次、位置、角度的善，最终都要证入真空大道，都要指向"明明德"。证入真空大道后，就是诚意正心，讲的是，从道心来看，是"无物"也是"无我"的。悟道以后领悟的就是诚意和正心，在诚意的境界就是"唯道无物"，在正心的境界就是"唯用无我"。正心、修身，这段讲的是当一个人证入"无我"后，自动就无私了，这是由内而外的证体起用。"修身齐家"讲的是无私，人无私，自然就家齐了。齐家治国讲的是家齐自然就国治；治国平天下讲的是国治自然就天下平。

看到这个逻辑递进关系了吧？格物致知讲的是证入大道，后边这些都是证入大道以后的必然状态。证入大道以后，世界观、人生观、价值观就皆正了，三观皆正，就是身修了，身修就是根本，然后，自然体现为家齐、国治、天下平。

这就是这篇文章的总体结构,这个结构很关键,一定要记下来,然后再深入学习,就不会迷失在字句中了。我们在释读任何中华古代经典的时候,一定要先把类似的结构梳理清楚,了然于心。

四、关键词诠释

《大学》臻经典改本里有一些关键词，这里再解释一下，用词可能和之前的稍有不同，但意思是一样的。

【大学之道】自觉觉他之道，中华大道圣人之教。

【絜矩之道】自正正人之道。

【明明德】觉醒或自觉，领悟大道（知之至）。

【亲民】爱民、养民（安民）、化民。

【止于至善】安住无私（知本）。

【格物】打破物欲、物想（知本），即自觉过程。

【致知】证入唯道（道）（知之至）。

【诚意】意中无物（德）。

【正心】心中无我（仁）。

【修身】身行无私（义）（知本）。

【齐家】感化、教化家族（礼）。

【治国】感化、教化邦国（礼）。
【平天下】感化、教化天下（礼）。

个人修行逻辑（**内圣之道**）：修—正—诚—致。
即以至善之行，由身及心，次第证入大道。
教化百姓逻辑（**外王之道**）：修—齐—治—平。
即依道起用，以至善之行，由近及远化民。

下面着重先把"知本""知之至"讲一下，这是连接三纲和八目的关键。

知本 （圣人之教）	知之至 （中华大道）	关系
止于至善	明明德	三纲
修身	致知	八目
唯公无私	唯道无物	三观

先说一下"知本"和"知之至"的关系。

"知之至"，当知达到了极点，智慧达到了极致，宇宙人生的一切真相全都明白了，即悟道、得道了，就叫"知之至"。就是三纲里的"明明德"，八目里的"致知"，就是证入大道三观里的"唯道无物"的世界观。

"知本",是入手的关键点。"知本",是以修身为本（八目里的修身）。八目里的修身等同于三纲里的止于至善，属于大道三观的唯公无私的价值观层面。知本，既是起点也是终点，其实是无尽。从无私这个"本"开始修行才能达到"知之至"的境界，即得道。达到知之至以后，以空性之心应缘，还是无私之行，才能感化众生。

这也就是《大学》里"自天子以至于庶人，壹是皆以修身为本"这句话的深意，这就是修身的无尽义。你可能要问，天子是开悟的人，庶民是未开悟的人，为什么都以修身为本呢？因为开悟以后也是唯用无我、唯公无私之行；未开悟、未得道之前还得从无私开始修，也就是从"礼"（唯公无私），修到"义"（唯用无我），由"义"修到"仁"（唯道无物），所以，修身是着手点，是"本"。在归仁以上的得道圣者看来，没有一个"我"得道，也必定应缘运用，而应缘之行必定是无私的，所以说"此谓知本"。

这个"知本"的意涵太深了！只有出了道门以后的起用才敢说。天子到庶民是一样的，在"行"上都是用这个"本"，但是里边是不一样的：得道圣者是起用位、行道位、圆道位，普通凡夫或修行者是学道位、模仿位，但是在外面的表现都是这个"本"，即无私之行。

在这里,"知本""止于至善"和"修身"是等同的。"知本"的"本"指的就是"止于至善"和"修身"。修身既是因位也是果位(即身修)。"知之至"和"明明德""格物致知"是等同的,都是一回事,都是讲得道这件事。

所以,"知本"与"知之至"的关系是:"知本"讲的是圣人之教,指外王之道;"知之至"讲的是大道,指内圣之道。大道起用是无尽的无私之行;圣教起修也还是无尽的无私之行。

三纲里的亲民,就是八目中的修、齐、治、平,这个过程就是亲民的过程。

第一章 总述三纲八目

第一节　总述三纲

大学之道,在明明德,在亲民,在止于至善。

【浅释】

内成大人、外化大众之道,在于领悟大道,在于爱民、养民、化民,在于安住无私。

【解析】

大学之道,大学就是内成大人、外化大众之学。内成大人就是中华之道,外化大众就是中华之教,道和教合起来称之为学,大道和大教合起来称之为大学。大学之道有两层含义:内圣,即内成大人,谓之道;外王,即外化大众,谓之教。

实现大学之道,要做两件事:"内圣"和"外王"。于是,这里就把"内圣""外王"展开成三个词：明明德、亲民、止于至善。

这三个词的关系很微妙，既是并列关系，也是递进关系，还是回互关系。

首先明明德、亲民、止于至善是"并列关系"，就是大道三观里的三观，明明德指的是世界观，亲民指的是人生观，止于至善指的是价值观。当一个人证得唯道无物的世界观这一层的时候，实际就是明明德了，之后必然有亲民之行，亲民之行必然止于至善，这是一个人得道之后自然发生的两种行为表现，也是必然发生的事。所以，从行道的方面来说，这三者是并列关系。

再一个，从修道方面来讲，这三者又是递进关系。必须得从价值观层面的止于至善修到人生观层面的亲民，再从亲民修到世界观层面的明明德，所以，从修道方面来说，这三者是递进关系。

还有一个是"回互关系"，也就是互为体用、互为因果的关系。就是说上述的并列关系与递进关系，并不是死板的，不是一定要明明德之后才有起用，而是在每一个修行阶段，甚至每次行为、每个念头，都有知行之间的互相作用，知与行之间，永远交互回转，体用不离。也就是起用中的知行不二，也就是修道中的知行合一。具体如下：

	无不为 （知行不二）		无为 （知行合一）		
行道 ↓	明明德	世界观	明明德	（仁）	学道 ↑
	亲民	人生观	亲民	（义）	
	止于至善	价值观	止于至善	（礼）	

至善——无为之为（唯公无私之行）

证得明明德的道体以后，起用时必然是亲民和止于至善，也就是领悟到"无物"以后，必然是"无我""无私"（上图左侧，从上至下依次为起用、行道、圆道）。

从无私的价值观修到无我的人生观，从无我的人生观修到无物的世界观（上图右侧，从下至上依次为修道、学道、证道）的修道、证道过程的同时，在起用时就放出精神的光芒，也就是说，修道向上增进的过程，同时也是有行道的体现的，这就是层层回互；不是证道以后才回互，而是只要有一个无私之行就在回互。"回互"，指的是知与行的回互，因为观想到"无物"属知，"无私"属行，"无我"的境界，是有知也有行，无论哪一层，都是在本层知

行之间回互。有其知必有其行，有其行必有其知。(见《〈天子书〉修道圆德图》)

这跟《天子书》，即六卷本《道德经》一样，从内圣的(《道理卷·卷三》《德经卷·卷二》《道经卷·卷一》)无私、无我、无物再到无为圆道的完整三十六阶梯的完成（内圣之道是向内空的同时向外发光，就是后面三十四法的起用），到外王的(《道政卷·卷四》《道法卷·卷五》《道术卷·卷六》)三十四法起用，全都是在用，三十四道光同时都在发，只是光大光小不同而已。因此，证道的过程同时也是起用的过程，即便是圆证以后，也还是"圆用"而已。因此，不论是学道、修道、证道，还是行道、圆道，"用"从来没有一刻停止过。这就是光光相摄、层层关联，大道之光也是在这样的过程中得以发扬、传承的。哪怕是一点点的无私之行，都是为大道之火增添一把柴。

这也是中华之道和中华之教既完美又圆融奥妙的地方，必须静下心来，真正崇敬中华之"大学"，才能领悟《大学》是多么高妙。既是并列关系，又是递进关系，还是回互关系，总之是全息的。在价值观层面做到唯公无私了，放出的精神光芒就是价值观层面那么大的回互；在人生观层面证到唯用无我了，精神光芒就是人生观层面那么大的回互；在世界观层面证到唯道无物了，精神光芒就是世界观层面的光辉的回互，这就是明明德、亲民和止于至善的关系。用我提出的思考问题"五把钥匙"开解，就是内外关系、圣凡关系、因果关系、体用关系、知行关系，这三者之间的关系，是上述全部关系的综合，并且是圆融、全息的。"明明德"是指得道，亲民和止于至善是得道后的体现，每一层都有每一层的善，因为人的根器、机缘各有不同，那么至善的起点，也各有不同，但是"至善"，也就是旨归只有一个，即圆满地证得大道三观，也就是无为之为，这才叫真正的至善。

"中华"这两个字以及"大学"这两个字实在是了不起，分别是非常深邃、高远、无尽、奥妙、圆融的大道和教化！意味太悠远、太深邃、太绵长、太究竟、太圆融！

上面讲了什么是大学之道，以及明明德、亲民、止于至善这三个词的结构关系，下面再分别解释这三个词。

第一个词"明明德"。第一个"明"字是动词；"明德"是一个名词，"明德"就是大道，"明明德"就是显明大道，显明大道就是得道、悟道、证道、入道。"得道"指的是证入唯道无物的世界观，把自我的执着放弃了。

举个例子，老子当年有位弟子（老子有好多得道的弟子：第一批——中原黄淮之间教学阶段，包括尹文子、文子、杨朱子、孔子、亢仓子、南荣樗等等。关尹子是第二批——熊耳山汉中教学阶段）叫尹文子，是后来"宋尹学派"（即形名之学）的祖师，是位得道的圣人。他收了一位徒弟叫老成子，老成子跟尹文子学幻术，多年未成，老成子灰心丧气要回家，来向尹文子告辞。就是这段故事——

老成子学幻于尹文先生，三年不告。老成子请其过而求退。尹文先生揖而进之于室，屏左右而与之言曰："昔老聃之徂西也，顾而告予曰：有生之气，有形之状，尽幻也。造化之所始，阴阳之所变者，谓之生，谓之死。穷数达变，因形移易者，谓之化，谓之幻。造物者其巧妙，其功深，固难穷难终。因形者其巧显，其功浅，故随起随灭。知幻化之不异生死也，始可与学幻矣。吾与汝亦幻也，奚须学哉？"老成子归，用尹文先生之言深思三月，遂能存亡自在，幡校四时；冬起雷，夏造冰；飞者走，走者飞。终身不著其术，故世莫传焉。子列子曰："善为化者，其道密庸，其功同人。五帝之德，三王之功，未必尽智勇之力，或由化而成。孰测之哉？"

——《列子·周穆王》

这段故事讲的是：当年尹文子跟老子学道的时候，老子亲口跟尹文子说：整个世界都是某种"幻影"，你和我还是"幻影"，还需要额外去学什么幻术吗？尹文子把老子的原话转述给老成子，老成子听完以后傻了，回到家在屋里躺了三个月没起床。三个月以后得道了，到了"冬起雷，夏造冰；飞者走，走者飞"的程度。因为老成子知道所谓客观世界，这一切全都是想出来的幻影，他掌握了想出眼前这些影像的那层"想"，这层"想"比大家现在用的思想意识的这层"想"深多了。

举这个例子就是告诉大家什么叫"明明德"。"明明德"就是得道，明德就是回到大光明之位的德。因为回归道体，悟到没有自我，所以依道体来察知一切的能力，称之为明德；回到明德之位，称之为"明明德"。

"明明德"的境界到家了吗？还没有，这只是修道的一半，道一定会生起作用，这个用就是用来唤醒那些尚未明白这个道理的众生，这就叫亲民、止于至善，也叫齐家、治国、平天下。小范围的唤醒就叫齐家，大范围的唤醒就叫治国、平天下。以组织形式、体系形式、金字塔结构，以政治与教化一体的方式来唤醒众生觉悟，这就叫"齐家治国平天下"，这就是大学之道的外王部分——"中华之教"。

"明明德"这三个字了不起，太难理解了，"明明德"就是八目里的"格物致知"，致知就是对道的达知，其实就是明明德。

第二个词"亲民"。"明明德"是世界观层面的，是得道；亲民是得道以后，必然的无我之用。得道起用的时候，不再有"自我"这个角度去思考，所行的一切都是只在别人那里能看见自己的身影，即作为圣者的化身之用，这就是真正的无我之行。一个人只有空掉自我之后，才能体现出真正的"亲"，这就叫亲民，也就是佛家说的无缘之慈、同体之悲。所以亲民是"无为法"，不是"有为法"，没有"我"一定要做什么，而是"道"应这些众生的根器和机缘去表现罢了。

亲民分为"内——爱民"和"外——养民、化民"，就是爱民、养民、化民三层。

第一层：爱民。什么叫爱？不是"我爱你"那种有为、有我的爱，而是无我之后，自动显示的慈悲仁义，是无爱之爱，是无我之爱，也是无为之爱，这叫爱民。

第二层：养民。人要想得其化，必先得其食，即解决温饱，就是"仓廪实而知礼节，衣食足而知荣辱"。换句话说，要让众生觉醒，得先让他们吃饱、穿暖，否则他们没心思去修道。所以亲民的第二层意思是得先"安其身"，即养民。

第三层：化民。即化其心，这是"道"起用必然的表现，也是最终的目的。

第三个词"止于至善"。这也分三层，第一层是人皆有止，第二层是各止其善，第三层是止于至善。至善是最终的旨归，就是三观全正，并且正行了，也就是知行全对，进入无为之为了，才叫至善。

"止于至善"的"止"不是在有为那儿停着不动，而是安住于无为；只有无为才能安住，如果达到无为，无论什么时候就都能安住在善上，因此必须证入无为才能止于至善。止于至善表现出来的行为，在众生那儿看到的是完全的无私之行，完全的任运、随缘、无私，是唯公无私的价值观这一层。什么时候才能圆满做到唯公无私？只有证得唯道无物和唯用无我的"内"，才能行出真正的、永恒的唯公无私的"外"。也就是孔子自述的"七十而从心所欲不逾矩"，必须内在证入大道的世界观、人生观，进而自然行出大道的价值观这层外在的表现。

也就是说，明明德、亲民、止于至善对应的是世界观、人生观、价值观，是并列关系，也是递进关系，还是回互关系，这三层关系都得掌握。明明德是知之至，止于至善是知本，用本能修到明明德，用知之至能行出本，又用这个本来亲民（爱民、养民、化民）——修、齐、治、平，整个过程就是亲民。

这就是全部《大学》用三纲展开的根本逻辑。

这里还要讲一句，明明德、亲民、止于至善，要用"五把钥匙"开出来。明明德既有自明，也有明他；亲民里也有自分和他分，当然自分是无我分，即彻证自分的无我，才能行出亲民的他分来；止于至善也有自行和化他。单单是这三个词，能开出多少层意味，没有办法给大家尽数，必须自己在内心当中去把玩，在修行当中去消化，所以这部经深就深在这儿，每一个词，都是隽永而无穷的意味，互相之间都是全息的回互关系。明明德摄亲民、摄止于至善；亲民摄明明德、摄止于至善；止于至善摄亲民、摄明明德。这就是中华之道和中华之教的圆融！

第二节 转　折

第二段是转折关系。

物有本末，事有终始，知所先后，则近道矣。

【浅释】

万物有本末，凡事有头尾，抓住先后顺序，才能接近于大道。

【解析】

万物都是有本、有末的，本就是树根，末就是树梢。都有终和始，不论走多远，都得有个起点。实际上终始和本末的关系是一个意思，就是指要从哪儿下手。本在这里指的是"修身为本"的本，下手处是修身，即无私，这就是本，才能达到其他全部的结果。

终始的"始"讲的是"知之至"，以"知之至"为始，才能到达全民明明德的这个终。行道要以"知之至"为始，以全体悟道为终。当然，如果你认为以修身为始、以得道为终也可以，这是终始的两个角度。

"知本"，就是修道入门的根本抓手，是指从哪儿开始入手才算抓住根本了；"知之至"，就是达到最极致的认知，即回归道体、得道了，这两点，就是这一篇《大学》的核心和关键。

"止于至善"就是知本，"明明德"就是知之至。后面出现的所有"此谓知本"都是指修身，出现的所有"此谓知之至也"都是指得道。

所以"物有本末，事有终始，知所先后，则近道矣"。就是知道先和后的顺序，才能够接近道，这个道就是大学之道，既有内圣之道（道）、也有外王之道（教），两层合起来是大学之道。不能把这个道只偏重于理解为是外王之道（教），或是单单理解为是内圣之道，即我一个人修道成功了。也就是说"物有本末，事有终始"，是指知道从哪儿下手、先干什么后干什么，才能接近于大学之道。

第三节　总述八目

第三段话是总述八目：

古之欲明明德于天下者，先治其国；欲治其国者，先齐其家；欲齐其家者，先修其身；欲修其身者，先正其心；欲正其心者，先诚其意；欲诚其意者，先致其知。致知在格物。物格而后知至，知至而后意诚，意诚而后心正，心正而后身修，身修而后家齐，家齐而后国治，国治而后天下平。

【浅释】

自古要想让全天下人领悟大道，先要让邦国人领悟大道；要让邦国人领悟大道，先要让家族人领悟大道；要让家族人领悟大道，先要自己身行无私；要自己身行无私，先要心中无我；要心中无我，先要意中无物；要意中无物，先要明白唯道；要明白唯道，先要打破物想。打破物想才能明白唯道，明白唯道才能意中无物，意中无物才能心中无我，心中无我才能身行无私，身行无私才能教化家族领悟大道，教化家族领悟大道才能教化邦国领悟大道，教化邦国领悟大道才能教化全天下领悟大道。

【解析】

"古之欲明明德于天下者"，古，就是古代。按照《春秋纬·元命苞》来说，从鲁哀公获麟这一年（孔子写《春秋》截止的那一年，公元前481年），往前倒推326.7万年，中华都有道、有教。一开始从盘古开天辟地，分为十纪（第一是九头纪，第二是五龙纪，一直到第十是疏仡纪），每一纪都是32.67万年。疏仡纪里前面有二十六朝，最后是五帝朝（炎帝朝、黄帝朝、少昊朝、颛顼朝、帝喾朝），帝喾朝之后是三王（尧、舜、禹），尧舜禹之后就是三代（夏、商、周），直到三代的鲁哀公获麟，即公元前481年。从开天辟地到公元前481年，这一共326.7万年算是孔子认为的中华有道有教的时间，之后就没有大道圣人之教了。（见《中华概史图》）

要知道，五帝朝的这五帝不是五位（皇）帝，是五朝帝，每朝都有过十个、八个或十几个帝，五帝朝总共有好几千年。太史公之所以写成了五位帝之间都是直接的亲属关系，是为了浓缩，不让后人在这上面再去费事了，因为作为"中华传灯录"，只要把这个"灯"讲清楚就行了，就像我们习惯把无始以来的历史都统说成盘古，是同一个道理。

中华的道统和教统是有来源的，是传承有序的，不是平白无故想出来的思想体系，中华自古就有真理。无论是像太史公那样把历史整合成浓缩版，还是像我们这样把历史开得更宽一点儿，都是同样一个目的，两者并不矛盾。

"古之欲明明德于天下者"，明明德讲的是自己悟道、得道，明明德于天下讲的就是让天下所有人都悟道、得道，即全部觉悟，这就叫作中华之教化。这里的道，专指的是中华大道三观，即唯道无物的世界观、唯用无我的人生观、唯公无私的价值观；这里的教，就是专指中华的圣人之教五纲，即道、德、仁、义、礼。

自古以来要想布教于天下，让所有中华的众生全都得道、觉悟，怎么办呢？曾子说先治其国，就是说要想让全天下的人都觉悟的话，先得让你的一国人都得到教化、都觉悟。所以，就是下面这句话——

"欲治其国者，先齐其家。"家指的不是今天的三口之家的小家，古代的家指的是一个大家族，是一个族群。比家族大的叫邦，比邦大的叫国，比国大的叫天下。所以"欲治其国者，先齐其家"。这里的家就是比国小一级的族群，一个国是由各个家族构成的，每个家族是由各个更小的家庭构成的。所以，"齐家"的意思，是指作为一个家族的首领，首先他得有道，然后让自己一个家族的人都得教化、都觉醒、都得道。

"欲齐其家者，先修其身。"要想让一家人都得教化、都觉醒、都得道，就要先修其身。修其身的意思，就是使自己的"身"得以修正，完全做到无私，我们就称之为身修；如果是开始学着去做无私之行，就叫修身，所以修身是本、是因，身修是果。修身既是自己入道的根本，也是化民觉醒、表率群伦的根本；如果自己都不能做到无私，哪个人愿意跟你学习？只有一个行为上完全无私的人，才有人跟着他学，才能称其为一家之长。家的来源，就是所谓"一年成聚、二年成邑、三年成都"，古代的"家、邦、国、天下"就是这么来的。

百姓虽然不知道你内在是否有道，但是他能看到你的行为是无私的还是自私的。

修身是通内、通外的一个根本，是修行的起点。如果让你一下子悟道，你可能悟不了，就是佛家说的"资粮"不够，那就要从修身开始，就要从毫不利己、专门利人开始，从这儿开始做，等资粮够了、心量大了，自然就能领悟原来本来"无我"；再进而领悟，原来外在的整个世界都是自己的心想出来的。所以修身是个重要的枢纽，是入道的起点。这就是"此谓知本"，这是关键点，它是内圣和外王的一个根本抓手，内圣也要靠修身，外王化民也要靠身修。所以"欲齐其家者，先修其身"。

"欲修其身者，先正其心。""正其心"说到底，就是无我。心什么时候处在正的境地呢？当一个人体悟到没有自我的时候，才是正；有自我，就不可能正。也就是说，如果有自我的考量，却想做到无私，这是不可能圆满的，而且也不可能持续和传承。忧患之时，可能一时兴起，勉强能够做到无私，一旦坐稳天下，不变质才怪；所谓生于忧患死于安乐，实在是对凡夫俗子治国最好的刻画。只有根植于无我前提之下的无私之行，才是真正的无私，才可能代代相传，社稷永葆，江山不易。

要想行为是无私的，必然根植于觉悟人生观的本来"无我"。不是从有我要修成无我，而是明白本来就没有自我，执着也没有自我，都是误解和错觉，这就是中华大学之道的奥妙和圆融。它是成体系的，是完整的三观，不是单独只有一观的，"欲修其身者，先正其心"，就能明白了。

"欲正其心者，先诚其意。"无我的人生观从哪儿来？从"诚其意来"。"诚其意"，表面意思是真诚其意，实质就是指"意中无物"，就是明白了心之外，本来什么都没有，不是我在想，是有了想以后才有了"我"、有了"物"。

"欲诚其意者，先致其知。"人生观的无我，一定是要根植于世界观的无物，也就是"欲诚其意者，先致其知"，即先要明白宇宙和人生的真相。

所以，"诚其意"的境界就是指德，指心之真空的起用状态；"致其知"的境界就是指明了道，指真空之心的道体，这是一体两面的，心之真空来自真空之心，有这个真空之心的道体（道），才有心之真空的起用（德），这就是欲诚其意者，先致其知的究竟之意。

这个"致"字也分因果两位解，从果位的角度看，当形容词用，就是极致的意思；从因位的角度看，当动词用，是到达的意思，从知与行上到达了真知的程度。所以致知的意思就是得道，即回归道体了；换句话说，致知就是明明德了。

致知的关键在格物，格物就是格除物欲、格除物想，然后让人事物各归其正，就是孔子强调的"好学"的概念，让人事物"就有道而正焉"。

"物格而后知至"，这是反过来讲的，也就是离开了物欲和物想，让人事物各归其正之后，才能明道，进而得道。

"知至而后意诚"，意思是明道、得道以后才能觉悟心空无物。

"意诚而后心正"，意思是心空无物才真正明白无我，而让心归正。

"心正而后身修"，意思是无我心正之后，才会行出无私、不断修己。

"身修而后家齐"，意思是无私之后，才能使得整个家族的人得到教化。

"家齐而后国治"，意思是整个家族的人得到教化，然后才能使得整个国家的人得到教化。

"国治而后天下平"，意思是得整个国家的人得到教化，然后才能使得天下人都得到教化，这就叫中华内圣外王之道，也就是"大学之道，在明明德，在亲民，在止于至善"。

第二章 详述三纲关系

我们学习中华传统经典，还是遵循老规矩——提起三盏明灯。

第一盏灯：中华大道三观，即"唯道无物的世界观、唯用无我的人生观、唯公无私的价值观"，以及中华圣人之教五纲，即"道、德、仁、义、礼"。

中华三观（道）（唯道无物、唯用无我、唯公无私）
中华五纲（教）（道、德、仁、义、礼）

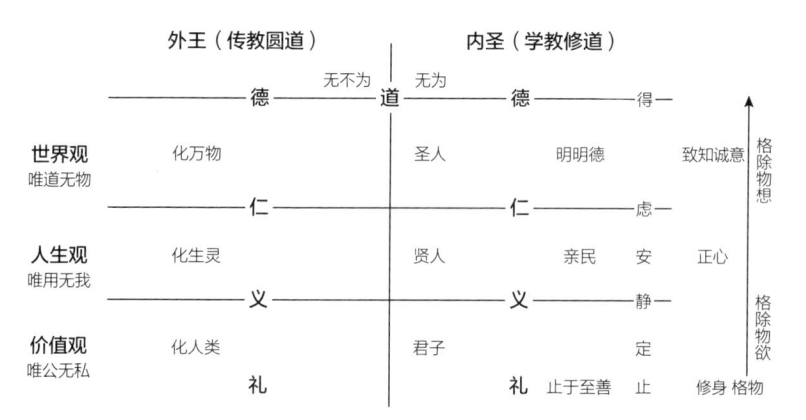

	外王（传教圆道）		内圣（学教修道）		
		无不为 道 无为			
	——德——		——德——得—		格除物想
世界观 唯道无物	化万物	圣人	明明德	致知诚意	
	——仁——		——仁——虑—		
人生观 唯用无我	化生灵	贤人	亲民	安 正心	
	——义——		——义——静—		格除物欲
价值观 唯公无私	化人类	君子		定	
	礼		礼 止于至善	止 修身 格物	

中华大道三观图

这盏灯可以含摄一切先秦中华经典，因为这些中华经典就是用大道三观和圣人之教五纲的高度撰写出来的，三观是中华之道，五纲是中华之教。

第二盏灯：是五把钥匙，即体用、知行、因果、内外、圣凡，也就是说，我们在释读中华经典的时候，要从上述五个角度来解释经典里的字、词、句以及句群之间的关系。因为这些词句，在不同的句群里会有不同的表达角度，有时是用因位解释，有时是用果位解释，有时前后两组词汇构成因果关系和体用关系，或者知行关系、内外关系和圣凡关系。圣凡关系就是我们经常讲的内圣外王，内圣外王实际也是一个内圣化外凡的关系。

第三盏灯：是全文脉络，这个很关键。不仅是《大学》，包括《论语》《中庸》《孟子》等儒家乃至先秦其他经典，都有全文脉络。比如《论语》就是一部非常严谨、有目录结构的经典，《论语》的每句话互相关联、回互，又是全息的，还涉及修学次第和起用次第等。

《大学》的总结构，就是三纲和八目的关系。三纲和八目之间是简和繁、浓缩和展开的关系。三纲的意旨就是八目的意旨，八目的意旨就是三纲的意旨。只是三纲讲得更浓缩，八目讲得更详细。

连接三纲和八目有两个关键点：一个是知之至，一个是知本。

知之至，对应三纲就是明明德，也就是得道，对应八目就是致知。

知本，对应三纲里就是止于至善，对应八目就是修身。如下图：

	知之至	知本
三纲	明明德	止于至善
八目	致知	修身
三观	世界观	价值观

在中华大道三观图里（见前文第 48 页），明明德在道的位置，属于道和德，也就是世界观层面（归仁以上），在中华叫作得道，在佛家叫作开悟，得道就是明明德；亲民属于人生观层面（从义到仁之间）；止于至善在八目里对应修身，属于价值观层面（从礼到义之间）。

把《大学》全部的二十六段话编成如导读部分的分析篇章结构的那张思维导图，可见结构非常简明、非常清晰，义理非常贯通、透彻、圆融。（见《〈大学〉脉落章句结构导图》)

我们把总述三纲八目讲完了,也把"明明德""亲民""止于至善"最核心的义理报告给大家了。

接下来我们讲"详述三纲关系"里的"明明德""亲民"和"止于至善",我们看看当年曾子是怎么解释三纲的。

第二章 详述三纲关系

第一节　明明德

"明明德"属于世界观层面,就是证入大道,分成两段话。第一段话是明确"目标"——自明,明明德就是自明,也就是自己要开悟、明白。第二段话是引用《诗经》里的"瞻彼淇奥,绿竹猗猗"。这段话,用来讲明道的"方法和作用"。从意义上来说,两段话分别是讲目标、方法和作用。只因引用《诗经》的那段诗刚好涵盖了方法和作用,所以没有再作拆分。"明明德""亲民""止于至善"分别都是三层意思。

第一段:

《康诰》曰:"克明德。"《大甲》曰:"顾諟天之明命。"《帝典》曰:"克明峻德。"皆自明也。

【浅释】

《康诰》上说，堪能觉悟大道。《大甲》上说，亲证这天然的大道。《帝典》上说，堪能觉悟无上的大道。这都是说亲证大道。

【解析】

这里引用了《尚书》的《康诰》《太甲》《尧典》这三篇的文字。

《康诰》就是康王之诰，在《尚书》的《周书》部分，有一句"克明德"。《大甲》就是《太甲》，在《商书》部分，太甲是商朝的一位圣王、明君。《太甲上》："伊尹作书曰：'先王顾諟天之明命，以承上下神祇。'"《帝典》的"帝"指帝尧，在《虞书》部分的《尧典》里有"克明峻德"这句话。

"《康诰》曰：'克明德。'""克"是能的意思；"明德"是指道；"克明德"就是要有道。"《大甲》曰：'顾諟天之明命。'""顾"是审视、获得、回归、亲证；天之明命是指天道。这句话的意思是亲证天然的大道。"《帝典》曰：'克明峻德。'""峻德"指明德；"明峻德"就是明明德；"克明峻德"是能明明德，意思也是堪能觉悟无上的大道。

"皆自明也"，这是曾子加的，用来总结《尚书》里这三位圣王对于"明明德"的认识，他总结为"皆自明也"。有两层意思：一层浅解，是指自己明白；一层深解，"自"不指自己，是指本来明白或自然明白；讲的是道从来就没有离开过，即便没有悟道，也还是在道上。"自明"是指本来明，道是本明的。你只需放下所有的邪见、所有的迷惑和执着，放弃错误的世界观、放弃错误的人生观，你就会发现原来道是自明的。不需要通过多么复杂的过程，道本来就是这样的，就觉悟了。即便是经过千辛万苦，你好像觉悟了，觉悟了以后，你会发现，原来以为有个道要悟、有个道要求，其实根本就不是，只是放下，而不是积累、获得了什么东西。放下以后，道就自明了。"赵州八十犹行脚，只为心头未悄然；及至归来无一事，始知空费草鞋钱。"自明是自己明，也是本来明，从这两个角度来理解。"自"的意思，在没有明明德之前，有一个自明的过程；明明德以后，你会发现道本来就明。不是你修成了道，是道自然就是成就的，自然就是光明的。以上就是建立目标，要自明，也就是得道。

下面引用《诗经》里的话来讲得道的方法和得道的作用，第二段：

《诗》云:"瞻彼淇奥,绿竹猗猗。有匪君子,如切如磋,如琢如磨,瑟兮僩兮,赫兮喧兮,有匪君子,终不可谖兮。"如切如磋者,道学也;如琢如磨者,自修也。瑟兮僩兮者,恂栗也;赫兮喧兮者,威仪也。有匪君子,终不可谖兮者,道盛德至善,民之不能忘也。"

【浅释】

《诗经》上说,看那淇水岸边,嫩绿竹子茂盛,文质彬彬的君子,不断切磋骨器,反复打磨美玉,君子庄重开朗,仪表堂堂,如此斐然君子,真是令人难忘。这里所说的"不断切磋骨器",是指学道态度;这里所说的"反复打磨美玉",是指修道精神;说他"庄重开朗",是指谨慎戒惧;说他"仪表堂堂",是指形貌威严;说"如此斐然君子,真是令人难忘",是指君子之道盛大圆满、君子之德臻于至善,使人难以忘怀。

【解析】

"瞻彼淇奥,绿竹猗猗。有匪君子,如切如磋,如琢如磨。瑟兮僩兮,赫兮喧兮,有匪君子,终不可谖兮。"这段是《诗经》的原话。后面是曾子解释这段话的内容。

"瞻彼淇澳",意思是看那淇水的岸边。淇是一条河的名字,淇澳是河的岸边。"菉竹猗猗",意思是竹子长得很茂盛,挺拔青翠的样子。梅、兰、竹、菊四君子,竹是其中一君子,它长一段时间"总节(结)"一下再接着往上长。古人讲诗的时候借景抒情、借物言志,很多时候诗里没有讲志,但是物里含着志。竹子是外面青翠,里面心空,并且是节节升高、永不止息,君子就是这样。

"有匪君子","匪"通"斐",意思是文质彬彬的君子。文是外在的,质是内在的,内在的质焕发出外在的文就是斐。斐是斐然,是褒义词,不是今天讲的帅。帅是外表的长相,斐是内在气质表现在外的一种无形的感觉。所以,观察一个人是否有斐,得闭上眼睛观察,从里面看到他的那种生机,而非睁着眼睛看这人的长相。如果是工匠,可能看这个竹子粗不粗、硬不硬,能做什么工具。但我们是看它里面的君子之气概、君子之精神,借用竹子比喻君子,也用君子比喻竹子。

下面开始借景抒情、借物言志。

"如切如磋,如琢如磨",意思是不断切磋骨器,反复打磨美玉。大家都知道,琢和磨是古代磨玉的方法。古代没有今天这么先进的加工技术和高级工具，磨玉都是用一根绳子或者其他更硬的石头，花费非常漫长的时间，反复把玉外面包着的那些不好的皮、壳都切掉、磨掉，是非常费工的，不断切磋璞玉，反复打磨美玉。

"如切如磋者，道学也"，意思是这里所说的不断切磋骨器，是指学道的态度。道学是指刚入手学道，还没有得道，想要"明明德"就得有入手处。开始的时候是唯物的世界观、有我的人生观、自私的价值观，这个自私的价值观也许在某些患难情况下，偶尔会变成无私的价值观，也许可以以无私之行，做几年甚至一辈子，但无法传续，这个无私之行是因为环境所迫造成的偶然现象，并非必然、自然的。那么，要想让一个普通人，在一个安乐的状态下，从唯物的世界观、有我的人生观和自私的价值观的行为方式改变过来，这就叫道学。

道学就是走上治学这条道，指学道的一种态度。"切磋切磋"，实际就是把最主要的不正的价值观和行为方式先切掉、磋掉，这是道学的态度。这个态度跟我们世间学知识的态度正好相反。磨玉用的是减法，把所有不好的全磨掉了，才磨出玉来。"玉"象征空，回归明德以后，就是觉悟出这个空。"性空"无法表达，所以用最纯净的美玉来表达，也就是用玉来比喻明德。明的过程，不是做加法，不是积累多少知识，也不是背会多少经书；即使全都会背了，也与得道毫不相干，即便替代了百度、字典、书库，也与得道毫不相干，因为那些都是做加法，是在积累知识。"明明德"是做减法的过程，要去掉所有的知识和成见，改正全部错误的行为，尤其是要消除世界是唯物的和"自我"是存在的这两个最根本的错误知见，要切掉与磋掉，才能明明德。切是切邪见，磋是磋邪行、磋习气。

你可能会说，你说的"世界都是主观的、是精神的"，"自我"是不存在，这些道理我都明白，但是我做不到，还有很多习气，这就需要不断去磋。

《尚书·说命下》里也有类似的文字，"惟学学半，念终始典于学"。讲学的过程就是行的过程，永远在半途，没有终点。整个学道一开始就以"无生"之知，做无尽之行，这就叫作"学半念终"，以此作为标准入学，就是道于学，叫"始典于学"，这才是走上治学的正路。这就是切磋，是减法，不是加法。

"如琢如磨者，自修也"，意思是这里所说的"反复打磨美玉"，是指修道精神。"如切如磋"是道学，是从外往里学，有一个从外往内的过程；"如琢如磨"，是自修，完全是自己在里边消化。一个是吃草,一个是反刍。"如切如磋,如琢如磨"这两句是内外关系。从外到内是我们学习的必经之路,因为没有善知识,没有君子、贤人、圣人开导,你都无从下手。所以,外边是切邪见和磋邪行,有明道的人斧正你、帮助你、教育你,你去拜师,他切磋你;但是,真正领悟道,要靠自己的琢和磨。

即使你的外在模仿得再像,也就是说把邪见切掉了,输出的都是正见了,把行为方式上磋得再无私,你还是没入心,还是模仿。你可以模仿成君子,但是因为你心里不琢不磨,没有真的把邪见给琢掉、磨掉,那是不行的,那样就徒有其表,就成了伪君子。这就是孔子讲的"学而不思则罔"。所以,外边是道学,要用切磋;里边是自修,要用琢磨,仍然是做减法。只有通过琢磨才能自明。就好比你会背诵《世界和人生的真相》,并讲给别人听,你只是个录音机,可能听你讲的那个人开悟、得道了,你却没得道。但是,如果你自己在里边琢磨了,发自内心地懂了,那你再讲给别人听,就可以不用文中写的话,用你的话应他的缘,你可能就生出新的经典来了。这就是琢磨和不琢磨的区别。切磋是道学,琢磨是自修,从外到内。

磨玉的时候,开始是大块的切磋,后边是一些细微的琢磨，琢和磨在工序上讲，比切磋的工序靠后，也更细致。琢是用雕琢，磨到最后，用的工具就不是很粗的石头和金属了，开始用细沙，然后用麻布，再后用丝绢，最后是用手，用手把玉上的东西琢磨掉，全是在做减法。所以，在中国古代，玉很昂贵，因为它要花费大量的劳动。中国人为什么重视玉呢？因为玉代表了明德，它是有象征意义的。所以，我们古代的士大夫，包括天子给诸侯颁礼器，除了车服、铜鼎、簋、乐器之外，还要颁玉。玉的质地、大小、厚度、形状，决定了作为教员的诸侯、士大夫的教师资格等级。

"瑟兮僴兮者，恂栗也"，僴（xiàn），指开放的意思，把绳子头解开是僴；瑟是收；恂和栗都指的是收摄身心；恂栗是内在谨慎戒惧，表现为外在的瑟兮僴兮。这句话的意思是，通过切磋和琢磨，使得自己的修养外在斐然、庄重开朗，内在谨慎而戒惧。

"赫兮喧兮者，威仪也"，威仪指仪表堂堂、形貌威严。赫是威仪赫赫，喧是堂堂正正。

"瑟兮僴兮"是内，"赫兮喧兮"是外。"瑟兮僴兮者，恂栗也；赫兮喧兮者，威仪也"，这两句构成内外关系。内在的恂栗（瑟、僴）表现为外在的威仪（赫、喧）。也就是说，当你从外到内、从切磋到琢磨，磨空了以后，里边就是"恂栗",也就是"瑟兮僩兮",里边一空,外边就是"赫兮咺兮",就能放大光明。

举个例子,原子能,是把原子核打破,爆发出的能量非常大,这就是赫兮咺兮,威仪很大。圣王的威仪为什么这么大?因为他把里边最细微的无明都打破了,于是才能迸发出大光明。《天子书》(六卷本《道德经》)中说,圆圣的三十六个阶梯是越来越无为,"恂栗"就是无为的过程,无为就是越来越空,从无私到无我,再到无物,完全彻底无为、圆满无为。

再给大家举个例子,这还是没有完全得道的一个人,叫庚桑子(又名亢仓子、亢桑子),他是老子的一个弟子,后来到畏垒山(即今天江苏的羽山),藏在山里头修道,没有人知道他在这里。结果这个地方三年风调雨顺,人畜不病,当地的百姓就奇怪,说:我们这地方一定有圣人,把他找出来当我们的王。庚桑子的两个弟子就来报告他,说有人要把你找来当王。庚桑子马上就惭愧了,说:居然有人还知道我,说明我的道还不成就,还不够无为。于是他就离开这地方,跑到无锡张公洞修道,最后成就了。这讲的就是,当你修道的过程越来越无为,你放出的光体现在你的因缘环境上,就越来越"赫""咺",作用越来越大。最大的作用就像太阳，百姓根本不知道这儿有圣人，却自动得到了教化和治理。

上古有一首《击壤歌》："日出而作。日入而息。凿井而饮。耕田而食。帝力于我何有哉。"老百姓耕田吃饭、凿井喝水，过日子，天子跟我有什么关系？也就是说他能过这样太平的日子，都不知道有天子在。这首《击壤歌》反映的就是最高明的圣者，通过无为，就可以直接教化百姓。

《天子书》也讲"太上，不知有之"，意思是，太上之教化治理，百姓都不知道还有王，这种教化才是最高明的，才是真正的"赫兮咺兮"。并不是让你看得见的五大三粗的或者带很多兵马很威仪，根本就不是那样的，是在无形无相之中，就把你教化了，让你五谷丰登、天下无病无灾、百姓自然安居乐业，人人各安其位、各得其所，君子求仁得仁、小人求利得利，这才是真正的"赫咺"、真正的威仪。这个威仪从得道来、从"恂栗"来、从"瑟兮僴兮"来。"瑟兮僴兮"代表无为，"赫兮咺兮"就是无不为。无形无相之中的无不为，来自得道的无为，无为来自自修，也就是如琢如磨，如琢如磨要依靠如切如磋。所以这个过程就是学道、得道、起用、化民的过程。

曾子讲的这四句非常清楚。这也就是八目"格、致、诚、正、修、齐、治、平"，以切和磋为起点，然后内在琢磨消化，真正地空掉了，放弃了自我的观念（**我执**），放弃了世界客观实有的观念（**法执**），达到无为；无为以后，内在无法形容，就是"恂栗"，即"瑟兮僩兮"，外在就是"威仪"，即"赫兮喧兮"。"赫兮喧兮"不代表一定有形有相，它的作用非常之伟岸，是令所有人都普照在阳光之下。

这些词的内涵都非常深，《诗经》可不简单，是非常深的，实际就是三纲和八目的全部总结。

前面讲"皆自明也"是目标，切、磋、琢、磨是方法，"恂栗"和"威仪"是作用。这就是内圣和外王的过程，就是圣和凡的关系，先内在成圣，然后外面化凡。

"有匪君子，终不可谖兮者，道盛德至善，民之不能忘也"，意思是如此斐然君子，真是令人难忘，是因为君子之道盛大圆满、君子之德臻于至善，而使人难以忘怀。

这里的"道盛"的"盛"，是盛大的意思，"道盛"，指圆满地得道；"德至善"是指心之真空。道是指真空之心的境界，德是指心之真空的境界。"悟道"代表无为，"有德"代表无为之为。《金刚经》讲"无住生心"，"无住"是指"得道"，"生心"是指"有德"，就是至善的意思。至善一定是无为之行，是无为应缘而行出来的表现。

第二章　详述三纲关系

一个人得道以后，到"道盛"的时候，才有可能"德至善"。也就是说，道圆满了，德才有可能真正达到至善，也才能够达到真空之知和无尽之行。我们学道的过程是知行合一的过程，知了某个道，要用行把知合上；等行跟上了，再提高知。到起用的时候，知和行不二，知就是行，行就是知，这就是"道盛德至善"。所以一定是无为而无不为，无生而无尽。

学道的过程是"学半念终"，起用的过程是"念终学半"。"学半念终"是知行合一的过程，"念终学半"是知行不二的过程。

"民之不能忘也"，意思是使人难以忘怀。为什么民不能忘？因为有圣人出世了。《尚书》《诗经》主要是讲圣人代代相传的道统和教统。即便没有文字，我们用语言，即便没有语言，我们用心，百姓都不忘。我们一直讲孔子是"祖述尧舜、宪章文武"，帝尧、帝舜、文王、武王都是道盛德至善的代表人物，就是这么一代一代地把大道之灯传续下来。

总结一下，"明明德"有三层意思，一层是目标，一层是方法，一层是作用。也就是说，只有在上位的人得道以后，才能让百姓对他产生一种依赖、追求和信心；就像是黑暗中的虫子，永远是奔着光明去的。在上位的人不得道，百姓不会来投奔他；当他得道了，百姓自动来找。就像庚桑子，在他还没有得道的时候，百姓都愿意去找他，更何况古代有道的天子呢？

比如周朝的先祖古公亶父周太王，他为了躲避敌人的入侵，把家族的财物、房产、城邑都送给外族人了，自己带着一个小家庭赶着牛车，转移到岐山脚下重新开荒。因为他是有道之人，周围的人又都来投奔他，结果"一年成聚，二年成邑，三年成都"，最后连当初入侵他邦族的国王和民众都来投奔他，所以他所在的岐山最后又变成大都了。

"有德此有人，有人此有土，有土此有财，有财此有用。"这是"平天下"的内容，我们后面会详细讲。关键是有德，有德来自有道；有道，所以"民之不能忘"。只有这样才能真正去亲民，亲民就是爱民、安民和化民。如果在上位者没有道，不是百姓主动去投奔他，而是他去找百姓过来，让百姓听他管、听他的教育，那就不行，因为没有人愿意学道。要想让百姓跟着你，得有好处给百姓；当你无所不知、无所不能，百姓所有的人生疑惑与困难，在你这儿都能得到解决，且你又不会压迫他（因为你在行为上完全是无私的，在智慧上完全是无尽的），谁不愿意跟着你呢？最后就可以实现亲民了。

"民之不能忘也",意思是使人难以忘怀,既是当时不忘,又是代代不忘的意思。也就是说,到了"道盛德至善"这种程度,已经建立了一个吸引力了。就像太阳,我们永远不会忘记太阳,生下来第一件事就是认识天、认识太阳,古代的天子也是这样的人。到后来天子无道的时候,大家就都希望上位者这块乌云什么时候过去,能让太阳露出来,就是这个道理。

"明明德"的作用和效果,延续到下边就是"亲民"。"亲民"是百姓自己愿意来,然后才有亲民的教化作用。如果百姓不是自愿来的,在上位者是不可能真正亲民的。所以文章的安排也是承前启后,次第非常严谨的,不是随意编排的。

也许有人问:古时国家出现有灾异,是因为圣人缺位吗?这和天子有很大关系,但也不完全。天降祥瑞还是天降灾异,这不是一个天子或者圣人能够决定的,是全体众生的心念共同造成的。但是如果天子失道,确实很容易产生天降灾异的情况。比如说太戊朝的时候"桑谷共生于朝,一暮大拱"(见《史记·殷本纪》),就是说桑树和谷物长在了一棵树上,一晚上就把整个皇家的庭院全都铺满了。

要知道,万物唯心造,只有主观的境界。心变坏了,心里想出来的物像就是这些天灾。

你认为天灾是客观状况？不是！都是主观造成的，但不是一个人的心造成的。

如果天子、诸侯，乃至整个教师队伍都有道，他们一起慢慢地教化众生走上修道之路的话，上天就会降祥瑞，会呈现出景星明、庆云现、黄龙下、醴泉出、甘露降、瑞草生、凤凰舞于庭、麒麟游于郊、河出图、洛出书、海无波、黄河清这些瑞相，具体可以参阅《尚书·中候》。

如果天子失道了，而士大夫阶层，即骨干教化队伍，以及百姓还没有失道的话，不会出现很大范围的灾异，可能天子所在的这个地方出现一些异相。比如《尚书》中"高宗肜日"的时候，有一只鸡落在祭祀的鼎上鸣叫，这就是警示天子失道了，这时候如果有明道的贤臣及时提醒，天子、君主马上修德改过，这样的景象是会消失的。

但是，如果天子失道久矣，士大夫阶层也没有纠正，或者纠正天子，天子不听、不改，甚至可能带动整个士大夫团队都失道，比如夏朝末年、商朝末年都出现这种情况，那时大的灾异就会显现在整个天下。

所以，灾异是天下人心共同作用的一个结果，而不是说只是一颗心的作用，但是天子这颗心是非常关键的。

第二章　详述三纲关系

第二节 亲 民

前面讲了详述三纲关系的"明明德"。如果达到"明明德"的"民之不能忘也",众生来投奔圣王的情况,就可以进入到"亲民"阶段了。

亲民也分三步:第一步是爱民,第二步是养民(安民),第三步是化民。

"爱民",主要是指当天子及士大夫内在没有"自我",在外面就会表现无私,自然就会爱民。"爱民"不是"我"爱民,而是根本就没有一个"我"伤害民,只有随缘的奉献,没有攀缘的欲望,这叫真正"爱民"。

"爱民"在中华古代是用"仁"来表示,就是圣人之教五纲中的"仁"位。"仁"位之上,是德和道,都属于人的世界观层面。儒家说"仁者,爱人","仁者"就是"无我"的人。如果一个人的人生观彻底证到"无我",其世界观完全进入唯道"无物"的程度了，就称之为"归仁"。"归仁"之后，化现在世间的人，就称之为"仁者"或者"圣者"。到了"仁者""圣者"这一层级，也有五层境界，那就是神、真、道、至、圣的"五圣"，"圣人"是五圣里最低的一层，最高的是"神人"，"神人"跟"圣人"之间的差距还有很大。儒家主要强调以"归仁"为目标，但是天子的要求，或者说道家的要求，是以"归仁"为起点，要修到"神人"的高度，《天子书》整个内三篇的三十六个圆道阶梯，起点就是从"仁"位（无我）开始的。

第一段：

《楚书》曰："楚国无以为宝，惟善以为宝。"舅犯曰："亡人无以为宝，仁亲以为宝。"

【浅释】

《楚书》说，楚国没有什么宝贝，唯一的宝贝是善待人民。舅犯（晋大夫）说，我一个逃亡之人没有什么宝贝，只把无我奉献当作宝贝。

【解析】

本段讲爱民，以仁为宝，借用了《楚书》以及晋人舅犯的两句话。

"《楚书》曰：'楚国无以为宝，惟善以为宝。'"《楚书》，指楚昭王时期做的书；书是传道用的，就是代代圣王、贤臣，传承中华大道和圣教的记录。所以，在"书"里，我们可以看到各种文体——典、谟、训、命、诰、誓等，通称为书。《楚书》里的这句话被曾子引用。

这里的善，专指至善，就是前面说的"道盛德至善"。至善是指归仁以上的境界，真空之心是"道"，心之真空为至善，就是德。换句话说，楚国以"道"和"德"为宝。

所以，这段话一定是接着前面详述三纲关系"明明德"这部分的最后一句话"道盛德至善"讲的。得了道以后，道就是宝，这就是"惟善以为宝"的意思。

"舅犯曰：'亡人无以为宝，仁亲以为宝。'"舅犯说："我一个逃亡之人没有什么宝贝，只把无我奉献当作宝贝。"舅犯，指晋文公重耳的舅舅，他的名字叫犯，也叫狐偃。亡人，意思是流亡的人。因为当时重耳和舅犯一帮人流亡到秦国了。仁亲的意思，就是证得"无我"以上的认识，而以行仁为旨归。宝是指什么？不是拥有什么宝贵的物件，而是没有什么。那没有什么呢？当一个人没有了"物想"、没有了"我想"，永远不再想"自我"这件事了，这就表明他拥有了大道之宝，这就叫仁。归仁以后，就会生出亲来，所以仁是体，亲是用，亲是仁的表现。

当一个人做到"仁亲以为宝"了，实际就是"明明德"了，明明德之后，表现出来的应缘作用就叫"亲"，这就称之为"爱民"。爱民是无为之行的应缘，是不可能伤害众生的，这就称为"爱"，这个"爱"就是仁的外在表现。所以，"楚国无以为宝，惟善以为宝"里的善，指的是"道盛德至善"；"亡人无以为宝，仁亲以为宝"里的仁，指的还是"德至善"；亲的意思，也是"德至善"在外显现的随缘教化作用。

这两句讲的就是亲民的内在修养——"爱民"，"爱民"就是依道起用。未得道的人，不可能真正爱民，一定是爱自我的，即使有为上的勉强去爱民，也是不可能持久的。

所以，从这句话也可以看出，重耳身边有贤人，楚国有传承。楚国的传承从哪儿来？楚国的始祖是鬻熊（yù xióng），也叫芈（mǐ）熊，鬻熊是文王的老师。鬻熊的祖先是赤帝"由"，即蚩尤，是南方赤帝的正统传承。

其实不仅是楚国有道，当时的士大夫一族，即诸侯，也都有道。比如，秦的祖先是"伯益"，商的祖先是"契"，周的祖先是"后稷"，这些都是有道的圣贤族群。

第二段：

《诗》云："於戏！前王不忘。"君子贤其贤而亲其亲，小人乐其乐而利其利，此以没世不忘也。

【浅释】
《诗经》上说，呜呼！先王永远会被人怀念。君子能获得自己的修行满足，小人也能获得自己的利乐满足，这就是圣王死了大家也怀念他们的原因。

【解析】
下面这句讲养民、安民，即君子与小人各得其所。"《诗》云"，意思是《诗经》上说。"於戏"，在古文里是"呜呼"的意思，就是一个感叹词。"前王不忘"，意思是不忘记有道的前王。连前王都不忘，如果在上位的人现在也是有道的，百姓会更加拥戴他。前面"明明德"部分的最后一句"民之不能忘也"，到这儿就呼应上了。这段的前两句与"止于至善"的"德"相呼应；这句话在"民"的效果方面也做了呼应。所以古人的行文是很严格的。

为什么不忘前王呢？接着就解释了，"君子贤其贤而亲其亲，小人乐其乐而利其利"。君子和小人的区别在哪儿？君子是求道的，是"喻于义"的，小人是求利的，也就是"喻于利"的；君子要追求宇宙人生的真相，走精神路线；小人无法领悟世界的真相，所以就在梦中追逐，要时时想着"二十亩地一头牛，老婆孩子热炕头"，走物质路线。

君子和小人，不仅在行为方式上有差别，在内在认识上也有差别。当然，如果小人修道也能成为君子，一旦成为君子，再变成小人，就没可能了。当君子内在亲民了，外面用果位来解，就是从百姓的角度来说，因为百姓里有君子与小人，君子在圣王这里求仁，就是"君子贤其贤而亲其亲"；小人在圣王这里求利，就是"小人乐其乐而利其利"。

"贤其贤"的意思，就是以贤为贤，即尊重贤德。贤人就是"无我"的人。内在求"贤其贤"的道，追求无我的内在的方向和认识，最后再归仁，叫"贤其贤"。"亲其亲"的意思，是亲其所亲，也是无私之亲。"亲其亲"是"贤其贤"的外在表现。亲的对象是什么？不是说只有我妈我爸，才是我所亲的人，而是谁的因缘靠我这颗心近，先显现出来，我就会亲近谁，就会无私地奉献。

这种内知而外行的表现，就是君子，这就叫"求仁得仁"。君子在哪儿求仁得仁？就在圣王这个地方求仁得仁。

小人可能会说，我不求道，在圣王这儿有没有好处可得？也有好处可得，叫"乐其乐而利其利"。小人想要满足不断增长的物质需求，在圣王这儿，照样给他饭吃、给他衣穿。在中国古代，建立了井田制，建立了十取一的"贡、助、彻"的税法，百分之九十的收获都留给百姓，只交十分之一的公粮给国家；这十分之一的公粮，到荒年的时候还可以补回给百姓。没有种子的，国家发种子给你；没有粮食吃的，国家救济你，国家也不谋利，就是为了让百姓都吃饱穿暖。《孟子》以及《尚书》的《大禹谟》《禹贡》里都有这些记载，就是小人先要仓廪实而后知礼节、衣食足而后知荣辱。等小人的身安了、心平了，然后才可能产生更高的精神层面的追求，开始往上走，要开始学道、修道，需要寻求解答世界人生真相的疑惑了。这就是小人先要"乐其乐而利其利"，进而学道，走上君子养成之路，然后"贤其贤而亲其亲"，最终要回归"明明德"。

"君子贤其贤而亲其亲"，说的就是君子求仁得仁；"小人乐其乐而利其利"，说的就是小人求利得利。求利的，满足你；求仁的，也满足你，这就叫"安民"。君子在圣王的教化下能得安，小人在圣王的教化下也能得安。

为什么说后来不行了呢？因为王失道了，他跟百姓争利，就是孟子说的"上下交征利"。如果君主的最高追求也堕落为做个好梦，他带领的教师队伍也失道了，百姓也就永远无法觉醒了。中华的道一旦失去，教统就遭败坏；教统一败坏，天下人就进入无尽的迷梦当中，出不来了。这就是朝代更迭，产生轮回怪圈的根本原因。

所以，必须要有觉悟的、明明德的圣王与贤臣出世。君王和士大夫都是觉悟的，不会跟百姓争利，这样小人才可能乐其乐而利其利。如果君王要跟百姓争，百姓争得过王吗？必然是剥削与被剥削，必然会有阶级斗争，必然出现各种社会矛盾和问题，永远找不到出路。这不是社会制度所能解决的，必须要从最根本的地方下手，如果王和士大夫明道，自然不会跟没有觉悟的凡夫争利。

这就是"安民"的丰富意涵。在圣王的"道盛德至善"的教化下，得道的一颗心，内在是爱民的，外在就使所有人都能安定。小人安其身，君子安其心，大家都安住在自己的好恶上；君子好道、好仁、好贤、好付出，小人好求、好利，都能各得其所。

这不是说大家一开始都得做到无私之行。对于小人，不用这么要求。因为，如果没人跟小人争，小人自己就不争了；你跟他抢，他才跟你打呢。教化是一步步来的，这是亲民展开的三点，先要安民、养民，然后才能有化民的可能。

"此以没世不忘也"，意思是这就是大家世世代代怀念圣王的原因。没世，世世代代的意思。因为有道的圣王太好了，中华之教太好了，世世代代都愿意降生到中华来，即使做梦，都要进中华这个梦里来做。因为在这儿，小人得利，君子得仁，各得其所，大同世界。最终都能够往上升进，小人变成君子，君子变成贤人，贤人变成圣人，这叫"学而优则仕"，"优"，就指"道盛德至善"，就可以出仕为政去教化未觉悟的人。这是无尽的、活的归墟之路；如果士大夫迷了，就变成死循环了。

第三段：

汤之《盘铭》曰："苟日新，日日新，又日新。"《康诰》曰："作新民。"《诗》云："周虽旧邦，其命维新。"是故，君子无所不用其极。

【浅释】

商汤铜盘上的箴言说，能一日化民致新，就能日日化民致新，就这样永远致新。《康诰》说，要从事化民致新的事业。《诗经》说，周虽是古老之邦，但周的天命以化民来致新。所以君子会尽全力教化天下人致新觉悟。

【解析】

本段讲化民。"汤之《盘铭》曰"，汤，就是商朝开国的天子商汤。盘铭，是指礼器盘上的铭文记载，古时候会把最重要的话铸在礼器上。"苟日新，日日新，又日新。"苟，如果；日，就是一日；新，使民新。这句话的意思是，如果你一天能化民致新的话，就能日日化民致新，就这样永远化民致新。

这就意味着爱民、安民以后，要教化民众了，这是中华之教最终的目标：使民觉醒。"新"和"旧"是相对的。"旧"的意思，就是"我"认为有个"我"是从昨天延续到今天的。大家应该明白，没有一个自我从昨天延续到今天，也没有一个今天的我会延续到明天。每时每刻、每刹都是新生出来的，这叫新。不是有一个"我"，要让"我"新，这样就永远不可能新；如果有我，就永远会有一个陈旧的"我"在延续呢。要把这个误解破除了，因为本来就是新的。如果明白本来无我，那就天天都是新的，任何时候都是新生命，这就叫"周虽旧邦，其命维新"。

这一点不太好理解，但这是真相。比如苏东坡的《前赤壁赋》，他看长江流水，就说"自其变者而观之，则天地曾不能以一瞬；自其不变者而观之，则物与我皆无尽也"，这就是无生而无尽的道理，这就叫"日日新"。"新"的意思，就是既无生，作用又是无尽的。

"苟日新，日日新，又日新"之间也有递进关系。如果你明白是"日新"的，就会明白日日都是新的，任何一刹那都不会迷惑，就是"又日新"，都是新生的我，这个"我"就不能称之为"我"了，这叫大道的起用。

这就是说当一个人明白"无生"的时候，就会起无尽之用。当一个人证入无为的时候，就会应缘无不为，这就叫"日新"，就是新。这个新还有"使民新"的意思。

因为前面已经讲了，圣王是使民新，圣王回到新了、永远新，但是民还不明白"我"不是从昨天延续过来的，这就需要做"化民"这件事，就是让所有人都明白他本来是新的。

"《康诰》曰：'作新民。'"《康诰》，是《尚书》里周成王册命康叔的诰文。"作新民"，作是使动用法，是教化民使之新的意思。让百姓都觉悟，或者说从事化民致新的事业，这叫"作新民"。这个新不是把"我"自己翻新了，而是明白本来无住、本来新、本来无生、本来无尽。这就是孔子讲的"何远之有"（《论语·子罕》："唐棣之华，偏其反而。岂不尔思？室是远尔。"）——"子曰：'未之思也，夫何远之有。'"哪里有"远"？只是刹那，一念转变就能归仁。

"《诗》云：'周虽旧邦，其命维新。'""周虽旧邦，其命维新"，意思是周虽然是个古老邦国，但永远是新的。旧，古老的意思，从稷开始算，稷、公刘、古公亶父、王季、文王、武王等等很多代。所以，"化民"要"化"什么？化个"新"字。不是"我"新，而是放弃了对"我"的执念以后，回归到本然无尽的起用上，就是让所有众生都明白这个"新"的道理，就叫"化民"，这是"化民"的终极目标。

但是，即便没领悟到新，照样是"其命维新"的，因为"住"不了。就像河里流水一样，不可能停下来。也就是古希腊哲学家赫拉克利特讲的——人不可能两次踏进同一条河流；他的弟子又讲，也没有"同一个人踏进同一条河流"。孔子说的"回也见新，交臂非故"，都是同样的道理，就是无住、本来新的意思。这是"化民"，就是亲民的目的。

"是故君子无所不用其极"，为什么君子无所不用其极，怎么理解这句话？"无所不用其极"，按我们现在的理解好像是有为的，要用尽所有手段使民新。这么解，在唯物主义世界观下，似乎是讲得通的，但是这是"有为"的理解。其实真正"无为"的教化，比这个意思深。这里的"极"字是关键。

"无所"，指的是所有化民的行为。"极"，指代"道"，意思是所有化民的行为都来自这个极致的大道，也是指"明德"。所以"极"，不是把"有为"的手段用到极致，而是"无为"之空至极，是让大家以这个"极"为方向、为根本。君子、圣王化民致新，站在"无生"的道极上，就叫"无所不用其极"。用的意思，是以道为用，以真空之心为极，是"用"和"体"的关系。化民致新的用，来自真空之体这个"极"。

现在回顾一下"亲民"所包含的三层意思：一个是爱民，一个是养民，一个是化民，根本目的是化民致新。只要让百姓明白本来无我，明白心外本来无外在世界，明白本来新，就行了。

那么怎么让百姓明白上述道理呢？王在行为上一定是唯公无私的；在人生观层面的认识，一定是唯用无我的；在世界观层面的认识，就是唯道无物的。依道之真空，生起无尽的妙用，明白本来新、本来无住，这就是中华之教的真正目的，就是亲民最终的旨归。

第三节　止于至善

前面我们总述三纲关系，共分为三部分："明明德"属于世界观层面；"亲民"属于人生观层面；"止于至善"属于价值观层面。

为什么这样说呢？"止于至善"就是指我们的日常行为方式。具体教化民众的时候，实际是你的内在修养在行为方式，即价值观层面上的体现，换句话说，是指你会用什么样的原则来做选择。如果你选择自私，就说明你背后是"有我"的人生观；如果你选择无私，就说明你背后是"无我"的人生观。如果你真正彻证"无我"的人生观，即使不加选择，也会自动行出无私。所以"止于至善"，指的就是一个人，当他心里明白没有"自我"、心外无物的时候，在外面行出来的善，就叫至善，无为之为才称得上是至善。

至善，就是拥有唯公无私的价值观或者行为方式，根本的至善，是根植于"无我"的人生观和"无物"的世界观的。

曾子讲述"止于至善"这段，也包含了三层意思，各层意思及它们之间的逻辑关系是：

第一层是"人皆有止"。这说明不仅是人有"止"，万物皆有"止"。"止"是"安住于"的意思，安住于什么或者追求什么样的对象，这叫"止"。

第二层是"各止其善"，或者各显其善。这说明"至善"有各种层次、各种社会位置，遇到不同的事情，都会有不同的表现。"至善"是指一个人内在领悟"无我""无物"以后，如果现出当君王的缘，就会有君王的表现；现出为臣的缘，就会有臣子的表现；现出当父的缘，就会有父的表现；现出当子的缘，就会有子的表现；平常待人接物的时候，会有平常待人接物的不同表现。这都是"道盛德至善"的内在至善，在应缘时的不同表现。虽然看上去是不同表现，譬如孝、悌、忠、信、礼、义、廉、耻等等，但本质都源于"无为"。"无为"在外边的所有表现，都属于"至善"。

当然，开始没有证得"无为"的时候，要学这些"善"，所学之善就是起点，也就是各止其善，即是从各自善的起点开始学。

比如，如果自己原来是很自私的人，喜欢损人利己，自己学善的起点在哪儿？先从不损人开始。所以学善的过程也是有阶梯的，先从不损人开始，然后是先人后己，进而助人为乐，最后舍己为人。既有起点的不同，也有具体遇事的不同。

古代的圣人完全明白这个道理，也为中华子民提供了方便之道——制定礼乐。也就是说，把生活的方方面面都规定到位了，然后让每个人从自己那个起点开始，修各自的善，这就是各止其善。

第三层是"至善为本"，即至善是最终的根本。这里的"本"，既是目标，也是作用。最终目标是，要把学善，即"有为"的善变成"无为"的善，"无为"以后，自然行出"道盛德至善"，这是目标；这个也是起点，就是在学善、行善的过程中，体现出至善的作用，并化导他人，这就是"止于至善"。至善是根本。

圣人是内在的"道盛德至善"，被我们解调出来的他的千变万化的至善之行，都是"无为"之行。

所以，"止于至善"所包含的三个递进关系的意群，就是人皆有止、万物皆有止，然后各止其善，最后至善为本。

以下就是中华圣人之教非常完整的教化体系。

第一段：

《诗》云："邦畿千里，惟民所止。"《诗》云："缗蛮黄鸟，止于丘隅。"子曰："于止，知其所止，可以人而不如鸟乎？"

【浅释】

《诗经》上说："王城周围千里，是百姓安住的地方。"《诗经》又说："缗蛮叫的黄鸟，安住于高山。"孔子说："连黄鸟都知道它该安住在什么地方，难道人还不如小鸟吗？"

【解析】

本段总述人皆有止。

"《诗》云：'邦畿千里，惟民所止。'""邦畿"是指王、天子所在区域。"千里"，指古代的五服，即甸服、侯服、绥服、要服、荒服。天子居住的城为中央城，就叫中国，在古代，天子住在哪儿，哪儿就是中国。以这个中央王城为中心，往外画一个半径为五百里的圈，这个圈以内就叫甸服，然后依次再往外是侯服、绥服、要服和荒服。所以，

第二章　详述三纲关系

有圣王所住的这个王城，表示是最有道的甸服，天子的甸服这里就叫"邦畿千里"。

有道的地方是所有人都想去定居的，谁都想靠近有道的王，靠近王可以修道，靠近王就能让君子求仁得仁、小人求利得利，人人皆各得其所。

"《诗》云：'缗蛮黄鸟，止于丘隅。'"意思是，《诗经》又说，缗蛮叫的黄鸟，安住于高山。缗蛮，指鸣叫；黄鸟，指一种鸟；丘隅，指高山。鸣叫的小黄鸟，愿意往高山上住。鸟都愿意住在安全的高山上，不会愿意在地上趴着。

人愿意住王城，愿意靠近有道的王；鸟愿意靠近高山，往高处住，鸟会安全，这都是指往高处走求进步、求好。

接下来是引用孔子的话。

"子曰：'于止，知其所止，可以人而不如鸟乎？'"孔子说："对于安住这件事，要明白自己应该安住的地方（**连黄鸟都知道它该安住在什么地方**），难道人还不如小鸟吗？"

"于止，知其所止"，意思是说，对于安住这件事来说，要明白自己应该安住的地方。换句话说，鸟都知道往高处追求，难道人还不知道该追求什么吗？孔子暗示人都愿意往有道的王处去追求。实际是为了引出下面的话——追求至善。

整个这句话讲的就是"人皆有止"，或者"物皆有止"，人人都应该有个追求、有个方向，即便是小人求其利，也愿意在王城靠近王的附近，求利才能如愿得利。

这句讲的是理，即人皆有止，求善是人的天性。人求善就是求更好，这是所有人追求的，鸟都会这样，人更应该这样，这就是这句话的意思。

第二段就讲人要往善上去追求。

《诗》云："穆穆文王，於缉熙敬止。"为人君，止于仁；为人臣，止于敬；为人子，止于孝；为人父，止于慈；与国人交，止于信。

【浅释】

《诗经》上说："高尚的文王啊，恭敬地安住于光明中。"做国君就安住于仁义，做臣子就安住于恭敬，做子女就安住于孝顺，做父亲就安住于慈爱，与人交往就安住于诚信。

【解析】

这段话是讲我们所有的社会关系（**君**、**臣**、**父**、**子**、**朋友**）都会有善的体现和善的作用。处处都会表现出什么是善，什么是不善，这里的善就是"礼"的来源。

"穆穆文王，於缉熙敬止"，意思是德行高尚的文王啊，为人光明磊落，恭恭敬敬地安住在应该安住的地方。"为人君，止于仁"，为君，因为有道，所以止于"仁"，"止于仁"表示内在归仁。"为人臣，止于敬"，意思是做臣子的要安住在恭敬上。"为人子，止于孝"，孝是"学"的意思，指的是跟着有道的长辈去学。"为人父，止于慈"，意思是做父亲的，要安住在真正的慈爱上。慈也是"教"的意思。长辈要教晚辈，里面还是慈爱。"与国人交，止于信"，意思是与他人交往就应该安住于诚信。信，不食言、言而有信。

这段话讲的是"各有其善"。不是说你有你的善、我有我的善，你的善和我的善冲突。指的是这个至善，处处都有不同的具体表现，说明现实生活中至善之行各有不同，这些表现就是人们修身入手的起点。

比如，与一般人交往时，人要从诚信为起点，这是在修道、行善；如果化身做了天子，担任天子这个职责的时候，仁就是此人至善的具体表现；如果做了臣子，敬就是其至善的具体表现；作为人子，孝就是其至善的具体表现；为人父的时候，慈就是其至善的具体表现。

如果未得道的时候，他就得学着"孝"、学着"慈"、学着"信",这三条允许小人存在,这也就是他们受教化的过程。

但是"为人君,止于仁"的"仁"和"为人臣,止于敬"的"敬"不是学来的,这都是先做到无私,再证得"无我""无物"后的自然之行。如果这两种人还处于学善阶段,在古代是没有资格出仕为政的。内在无道,怎么教化别人?在古代,必须是开悟得道的圣者才有资格当君和臣。古代最低级的士,修养境界必须得是归仁以上,也就是"学而优则仕"所说的"优",也就是"道盛德至善"的圣者才行。虽然这时士的"德"和"道"可能还不够圆满,但是古代圣贤行道的出仕为政过程,也就是个人圆道(神、真、道、至、圣)的过程。

最后一段总述至善为本,止于至善。

子曰:"听讼,吾犹人也。必也使无讼乎!无情者,不得尽其辞,大畏民志。"此谓知本。

【浅释】

孔子说:"接纳诉讼,我与人没有不同,不同的在于我必定能让诉讼从根本上得以化解（**至善的光辉**）。让没有实情者不敢说花言巧语，让百姓对至善产生敬仰之心。"这就抓住了根本。

【解析】

在《论语》里，跟这句话的境界有鲜明对比的就是子路断讼，"子曰：'片言可以折狱者，其由也与？'"(《论语·颜渊》)译成白话就是，孔子说："只根据一方面的语言就可以判决案件的，大概只有仲由吧！"子路是个有情有义的人，他完全做到了无私，他的话有力量，大家信服他；但是他在修道位上还没有归仁，因为义在仁之下，虽然他的行为完全做到了无私，其言有一定的力量，有一定的光辉，这个光辉可以使人口服，但是难以使人彻底心服。

所以，孔子的"必也使无讼乎"这句话的境界，就相当于在至善的光辉照耀下，有讼之人来到孔子面前，连想打官司的念头都没有了，就直接被道德的光辉折服了，还打什么官司呀？这种情况，就像在太阳底下一照，所有的冰雪全都自动消融了一样。

这就是归仁以上的圣者，他的断讼跟别人不一样的地方。这就是教化的作用，这是以"空心"化"有心"。子路能做到一言以断讼，只能让人口服，但不一定让人心服，因为对方的争心还未必得到化解，但是这对一般人来说，已经是很了不起了。到了圣人孔子这里，就可以做到"必也使无讼乎"。"无讼"暗指参与争讼的人，内在完全无我与无私了，这就是道德光辉的教化作用，只有"道盛德至善"的圣人才可能做到这一点。

我不知道你们是否有过跟真正有道的人在一起的时候，那个时候，你会自觉所有的烦恼立刻被抛到九霄云外了。来与有道的人会面之前，自己可能满肚子委屈、问题与疑惑，等到他这儿，上述烦恼统统都没了，这就是至善的力量。具体的例子，可以参考虞国、芮国去找周文王打官司的故事。

> 虞芮之人有狱不能决，乃如周。入界，耕者皆让畔，民俗皆让长。虞芮之人未见西伯，皆惭，相谓曰："吾所争，周人所耻，何往为，只取辱耳。"遂还，俱让而去。（《史记·周本纪》）

大意是：一个虞国人与一个芮国人产生了争讼而得不到决断，就一起去周国。刚进入周国的地盘，见到耕田的农人争相让出自己的田边，民间的风俗一概是礼让长者。这位虞国人与这位芮国人还没有见到周国的君上西伯，就感到了惭愧，互相与对方说："我俩所争讼的都是周国的人所感到羞耻的，还去做什么，只会自取其辱罢了。"于是，两个人就返回去了，一起礼让着离开了。

所以，"止于至善"到孔子这个高度，才算到位了，这就是文中的"此谓知本"的要义。

孔子的"必也使无讼"是"无为"之为，是至善的表现。子路外在的"无私"之行，还没有做到根植于内在"无我""无物"的无为高度，所以化民的效果就会差一些。孔子内在已经完全做到"无我""无物"，所以他在外面行出来的无私，属于无为的无私，是无为之为，这才是至善，一定能做到"必也使无讼乎"，就像任何冰雪和阴霾在太阳底下都会一扫而光一样，这是至善的光辉的力量。

"无情者，不得尽其辞"，意思是让没有实情者不敢花言巧语。"无情者"，就是无实情的人，就是说谎话的人；"尽其辞"的意思，就是巧言谎辩、花言巧语。换句话说，在圣者面前，不仅争讼的人不想再打官司了，就连那些擅长花言巧语的人，也不会张嘴巧辩了，因为心里那些念头顿时都没了，自动就被融化了，不可能再去花言巧语了，就像那些阴暗的东西到了太阳底下，就自动消退了一样。

"大畏民志"，意思是让百姓对至善产生敬仰之心，大大改变民风。

所以，把孔子的这句话放在这儿，就是"止于至善"或者"至善为本"的意思。"至善为本"，就是无为之后的行，是化民的根本。

"至善为本"也是讲"修身"，因为身修是果位，反过来因位就是修身。所以，至善既是得道以后的根本，也是行为的根本，就是唯公无私，这是彻证"唯道无物""唯用无我"以后的唯公无私，这才叫无为之为，这个无为之为才称得上至善。

止于至善意味着什么？得道者要做到止于至善，即彻底明白"唯道无物"了，就自然会安住于这个至善了。修道人也得以这个至善为目标，甚至以模仿无私为起点，安住于无私之行的学习和模仿上，即先做到不损人利己，然后助人为乐，然后先人后己，最后舍己为人，学着圣人的无私，一步一步地学，学着学着，到最后就明白了心外什么都没有，都是幻化的东西，也就放下我执与法执了。所以止于至善属于知本，这是修身的根本。

如果一上来就以"道"为根本去学，这是学不了的，道属于虚空，怎么学？所以，要在行为上先学着空掉自私的表现，然后慢慢地再空掉有"自我"的念想，再渐渐地，就空掉了对万物的执着于有，最后彻底明白，并彻证大道，这就是明明德的境界。

所以，"古之欲明明德于天下者"，都是要用至善来化民。一个人内在有道，就会行出亲民，再表现为止于至善；也就是说，心里边有"明明德"的世界观，有"唯用无我"的人生观，就会有"唯公无私"的止于至善的价值观的行为表现，这样天下才能被教化，这就是中华之道和中华之教的关系，这就是"此谓知本"的意思。

一切教化，不可能一上来就从道和德的高度去着手。有的人可能没明道，这没关系，明道确实不容易；但是他可以先学善。如果一下子做不到完全无私，不明白水中的月亮是幻影，就先学着不抢"月亮"，先不损人利己，这相对比较容易；然后，再助他人捞月，一步一步来，这就是助人为乐；再然后，是先人后己，"月亮"让别人先捞，这好学吧；一步步来，最后再舍己为人，把自己的"月亮"给别人，这总行吧？只要能一步步做到，心量就会逐渐扩大，最后慢慢就能悟道，证入无为，就这么简单。

中华之教是不是很慈悲、很圆满？让人人都可以有起点，

"小人利其利""君子仁其仁",都能有起点。不管你的层次在哪儿,都有相对你所认识的那个起点的善要去行,这就是中华的礼乐之教。礼真是好伟大呀,尤其是周礼,非常之完备。子曰:"周监于二代,郁郁乎文哉!吾从周。"(《论语·八佾》)这就是周礼的伟大之处——众生随类各得解。

我们回顾一下详述三纲关系。

三纲就是"明明德""亲民"和"止于至善"。

明明德分为三条,目标、方法、作用;就是"知之至也",属于世界观层面。

亲民分为三条:爱民、养民、化民;亲民的过程就是修齐治平的过程,属于人生观层面。

止于至善也分为三条:人皆有止、各止其善、至善为本,是知本,属于价值观层面。

最后那句就是"止"(止于至善),"此谓知本"。

到后面讲格物致知的时候,跟着就是一句"知止而后有定",知道这个"止"才能有定,才能安住下来。

后面八目里的"修齐治平"的过程,就是三纲里亲民的过程;"修齐治平"是根植于"格致诚正";而"格致诚正"就是三纲亲民里的爱民和一半的安(养)民;"修齐治平"

是安（养）民的一半和化民，亲民分为爱民、安民、化民。

《大学》的整体结构就这么简单，也是如此清晰和圆满。要知道，《大学》里的每一个语气、每一个用词都是首尾相接的，我们这样去"改本"，即重新调整顺序，是有根据的，完全是根据中华大道三观和中华圣人之教五纲的顺序来调整的。

曾子很慈悲，怕三纲太浓缩，大家还没听懂，就在后面再展开成八目讲一遍，实际上等于讲了三遍：在总述三纲八目的时候讲了一遍，在详述三纲关系时，又讲一遍，后面到详述八目关系时，还要讲一遍。

如果展开到"八目"学得还不过瘾，就学《中庸》，《中庸》更丰富一点儿，有五千言；如果觉得学《中庸》还不过瘾，就学《论语》；《论语》学得还不过瘾，就学《孟子》，四书还不够，就再学习"五经"，来自中华的古代所有经典，讲的都是一回事。

总之，反反复复就讲这点事儿，就是内圣外王之道，就是"格致诚正""修齐治平"，就是"明明德""亲民""止于至善"，就是中华大道三观，就是中华圣人之教五纲，就是君子教化小人，这就是中华。

第三章 详述八目关系

这部分共有六个大意群：格物致知、诚意正心、正心修身、修身齐家、齐家治国、治国平天下。

"格物致知"，讲的是证入"虚空大道"。"虚空大道"在中华大道三观图上就是证入唯道无物的世界观，明白只有主观的精神活动，同时明白主观非我，彻证宇宙人生真相，就证入"虚空大道"了，这叫格物致知，也就是知之至也。

"诚意正心"，讲的是证入"虚空大道"后的起用。

"正心修身"，讲的是无我，自然无私。

"修身齐家"，讲的是无私，自然家齐。

"齐家治国"，讲的是家齐，自然国治。

"治国平天下"，讲的是国治，自然天下平。

实际上，八目讲的是"证体"和"起用"的过程。

第一个意群"格物致知"就是"证体"。"格物"就是修道的过程，"致知"就是达到"知之至"，即得道。

从第二到第六个意群，即从"诚意正心"，到"正心修身""修身齐家""齐家治国""治国平天下"，都是得道以后的起用，因为明白"无物"所以心正，因为心正所以身修，因为身修所以家齐，因为家齐所以国治，因为国治所以天下平。

"八目"实际上是对"三纲"的展开，第一个意群对应明明德；第二至第六个意群对应"亲民"，是同一件事。"止于至善"三纲与八目讲的是同一件事。

第一节 格物致知

"格物致知",就是证入虚空大道的过程。

知止而后有定,定而后能静,静而后能安,安而后能虑,虑而后能得。此谓知之至也。

【浅释】

安住至善自心就能定,心能定就能静,能静就能安,能安就能向内觉察,能向内觉察就能发现一切唯道的秘密,明白一切唯道就是极致的大智慧。

【解析】

本段讲"格物致知",总述由本六步入道的修行过程。

一般人从至善者那里得到教化,离开物欲、物想,使心得止入定，逐步证入大道，即"止、定、静、安、虑、得"这六要。"知止"就是"格物"，即格除物欲、物想，离开对于外在境界的追逐，反闻闻自性，就这样去入定、入静，逐渐就能回到主观唯道的状态，进而突破这个状态，明白一切原来是梦，都是自己想出来的，都是心的作用，都是道的化现，从而亲证"唯道无物"的世界观。领悟大道之后，还会发现，道的作用无须停止，也无法停止，这就是"格物致知"的过程，于是就会有之后的随缘起用，与无尽觉他的亲民表现。

"格物致知"这个意群，虽然只有一句话，却是《大学》里最难懂，也是意味最深的一句话。这里涉及六个字"止、定、静、安、虑、得"，这六个字就是中华标准的从礼乐入手，直至得道的过程。

"止"，讲的是学无私，对应学礼教的起点，礼，是教人无私的。

"定"，讲的是行无私。

"静"，讲的是学无我。

"安"，讲的是行无我。

"虑"，讲的是加行、反思。

"得"，讲的是得道。

"知止而后有定"，知止是接着前面"详述三纲关系"里的最后一句"子曰：'听讼，吾犹人也。必也使无讼乎！'无情者，不得尽其辞。大畏民志，此谓知本"的"此谓知本"，知本就是知道修习中华之道入手的根本在修身。修身就是从价值观层面的无私入手，礼是无私的起点，义是无私的终点，也是无我的起点；仁是无我的终点，也是无物的起点。所以，我们中华修道的六个字"止、定、静、安、虑、得"，就是大道三观和圣人之教五纲的体系和体现（见前文第48页中华大道三观图）。

更详细来讲，"止"是"止于至善"的省略，是知行里的"知"（至善），"知"是学来的，得有人告诉自己无私是对的。从小就这么教育，朝着这个方向去做。"民皆有止"，止是止于正确的方向。"君子闲居为善，小人闲居为不善"，是说小人止于为不善，君子止于为善。"止"，是指方向，不是一个点。我们从学礼开始，是带着向道的方向的，有正确的方向就叫"知止"，就是"此谓知本"的"知本"。想要得道，得从"本"入手，这个"本"就是止于至善的方向。"止于至善"的起点，是从学礼教开始，这就是止。以"知"摄"行"，就是先止后定。知止而后有定，当一个人知道了无私的方向是对的时候，他就有一定的定力了，这就是止于善知、定于善行，善知的起点就是无私。止于礼、定于礼，真正的"知止"就意味着行到了止，即行到了至善。"知止而后有定"，也就是先有正见，才有正行与定力，这才是一般人学道的起点。

一个人没得道时，从哪儿开始入手？不是上来就去听大道理，而是要从行开始积累资粮，就是先学着做无私的事情。如果做不到无私，就从学着不害人开始，再学着助人为乐，之后再学着先人后己，进一步再舍己为人，这样行，就逐渐"知止而后有定"，即定在善行的方向上不动摇了，这才算是走上修道的正路了。人只要不修道，就一定当"小人"；一个人不向上升进，就向下堕落，没有其他可能。一个人只要不明道、不向道，他就已经是小人了，在追求物欲的梦里无法觉醒。小人是因为知见太小、太浅薄，就像井底之蛙，不知外面有广阔的天地，不知道有海洋一般，再怎样，它还是井底的青蛙。它要想跳出这口井，首先它得想跳出来，这个"想"就是愿意，就是方向，就是知止的"止"。"知止"就是学无私，"定"就是行无私而有定力。

"定而后能静，静而后能安。"静是学无我，安是行无我。

当一个人完全做到无私的时候，老师会进一步告诉他"自我"并不存在，这时候他就能一下子领悟了。但是，如果他连止（学无私）和定（行无私）都没有体验过，他是无法接受"自我不存在"这个真理的。如果一个人从小就一直接受自私自利的教育，一切都是围绕着自私自我存在的，就是个坚定的小人价值观取向，与修道背道而驰，他当然听不懂，也就静不下来。

"静"，就是当一个人有止、有定后（已经做到无私了），再进一步同他讲本来"无我"，他就很容易接受，一接受，就顿然静下来了。当一个人提起本来"无我"这个认识的时候，就是静的境界；但是他一旦迷失，忘了这个认识，可能又会有纠结。怎么办呢？继续保持无我这个认识。"行无我"比"行无私"程度更深，因为"行无私"只是在行为上的表现；而"行无我"，不仅仅是在外面行无私，还要在心里时刻回到本来无我的认识上。当一个人在认识上领悟到无我，行为上自然就无私了，也就不会有纠结、烦恼。所以，"静""安"的境界是从"止""定"的境界由外入内了，"止"和"定"是从外在行为上讲；"静"和"安"是从内在认识上讲。"止"和"定"是知和行，"静"和"安"

也是知和行，但是后者的层次已经由外而内了。君子学道，开始时由老师来教，是从外边如切如磋，后面是在里边如琢如磨。"静"和"安"是在如琢如磨的层面了。

"安而后能虑，虑而后能得，此谓知之至也。"止、定，静、安是学无私、行无私，学无我、行无我，等这四步都做圆满了——内心认识到本来没有自我了，行上也彻底做到绝对不动摇、不纠结了，这时候才有资格反思更深层次的事，这个反思就是虑。虑字带心，即在心里反思。

到这个时候，无论是你自己明白的，还是老师告诉你的，总之学到了无私、无我，也行到了无私、无我，再通过一定的静虑功夫，静下来，一下子就到了老子说的"致虚极，守静笃"的境界，直接就回到"朴、清、虚"的状态（朴，太朴，清，太清，虚，太虚），一片大道光明，这就是我们前面讲"明明德"的明德位，这就回到道体上了。

"此谓知之至也"，这时候"知之至"就达到了"明德"的高度，即得道了。

但是，这个入手的功夫"止、定、静、安"，并不是一般人理解的禅定功夫，要远比禅定功夫圆融、高明得多，因为这全都是智慧的过程。"止、定、静、安"是知、行、知、行——知无私、行无私；知无我、行无我。知无私的知（止）

完全做到（定），就成为无私之智了；无私之智就可以转化为无我之知，无我之知加无私之智称之为静；静再进一步推动无我之行，一直达到无我之行圆满，心里头完全没有自我，不再分别是不是我做的，心里边完全不纠结，外面完全是无私、任运随缘的行为。

当然，得道以后，中华之道都是一样的，都要从体起用，不能住在道上，住在道上不应众生的缘，是一片清虚，等于没用。众生要看到有形有相才行，才能够被教育、被度化，这就是格物致知。

"格物致知"里的"格物"有两层意思：

第一层，是格除物欲的意思。就是把私欲从"止"格到"安"，先把欲望格掉。比如猴子，要让它明白水中的月亮不存在，得先让它不捞月，把捞月这个行为停止下来，叫"格除物欲"，也就是"止、定、静、安"的过程。如果"格除物欲"，还认为有物存在，那就是"格"得不到家、不彻底。

第二层，是格除物想的意思。就是"虑"和"得"。

所以"止、定、静、安、虑、得"都是格物的过程。"止、定、静、安"是格除物欲，即资粮位；"虑、得"是格除物想，即加行位。

"知止而后有定，定而后能静，静而后能安"是格除物欲。"安而后能虑，虑而后能得"是格除物想。格除物想之后就达到致知，致知是极致的认知、极致的智慧，就是大道之智，也是明德。

格物是明的过程，致知就是达到明德，"格物致知"就是明明德的意思，就是"止、定、静、安、虑、得"，也就是学无私、行无私、学无我、行无我、反思、得道。

对应大道三观修行的过程来看，就是从价值观开始，修到人生观，从人生观再修到世界观，是明明德的过程，也是格物致知的过程，还是"止、定、静、安、虑、得"的过程，这是中华标准的教化众生的修行体系、修行过程和修行结果，也就是中华讲的从礼、到义、到仁，到圆满道德五位圣位，即"神、真、道、至、圣"的过程。

大家要知道，实证得道以后起用，是从行礼开始，从无私之行开始，就是起用了，只是这时候的作用小一点儿，不如在道德位、在圣位的作用大。但是不论在君子位、贤人位还是圣者位，起用的时候都会发出光辉，只是光辉大小不同而已。

比如，原来是伤害别人、占别人便宜的人，当他停止这个行为的时候，就有光辉发出来了，这个光辉就是道德本身的光辉，只是他还不知道，这个时候的光辉小一点儿。

从"止"到"定、静、安、虑、得"，每一步都在起用，层层光辉在逐渐增大，到"得"时，光辉大到无边无际。在任何时刻，无论学好、学坏，都在起作用，只是作用的大小不同而已，这就是前面讲过的回互关系，大家慢慢体会。

明						明德
格物						致知
格除物欲				格除物想		
止	定	静	安	虑	得	道
知	行	知	行	反思	得（德）	道
价值观		人生观		世界观		
君子		贤人		圣人		

"止、定、静、安、虑、得"这六个字，就是中华大道三观和圣人之教五纲的完整修证体系，就是从止于至善到明明德，是全部的大道圣教。

但这六个字主要是证体的过程，从下面即发心修道开始，到上面（无我、无物），光辉、作用越来越大，从下往上升的过程是觉悟的过程。

这就是《大学》之道"详述八目关系"中的第一个意群：

"格物致知"。

"格物致知"就算结束了吗？并没有结束。

一个人如果"格物致知"后，会停在道体上吗？如果停在"朴、清、虚"的状态下不动，虽然他做到了无我、无物，没有烦恼，但是如果不起用的话，在中华来讲这人就是愚痴、不合格、心量小。

按照"止、定、静、安、虑、得"的步骤，从君子到贤人，到圣人，一路上学上来的，不会不起作用的。因为一开始的知止（于至善），就不是止于个人的善，而是止于天下大同之善，是让所有众生都觉醒，所以不会安住在道体上，一定会应众生的缘；但是圣人里边是"无生"的，而生出来的这些作用，就是下面要讲的诚意正心、修身齐家、治国平天下，这也是亲民的过程。到最后天下皆平，就是圣人果位的"止于至善"。圣人的"止于至善"是天下为公的，是一项非常伟大的事业。

第二节　诚意正心

下面讲详述八目关系的第二个大意群"诚意正心"。

所谓诚其意者，毋自欺也。如恶恶臭，如好好色，此之谓自谦，故君子必慎其独也。小人闲居为不善，无所不至，见君子而后厌然，掩其不善，而著其善。人之视己，如见其肺肝然，则何益矣？此谓诚于中，形于外。故君子必慎其独也。

曾子曰："十目所视，十手所指，其严乎！富润屋，德润身，心广体胖，故君子必诚其意。"

【浅释】

所谓意中无物（心空不迷），就不会内外不一，就像普通人的随臭味而臭，随美色而美，也就是自如自治，因此有道者必然安住道体而不迷（得道者果位的自然表现）。小人闲着的时候就想做坏事，无所不作，见到君子觉得自惭形秽，会去隐藏自己的丑恶，故意表现出好的一面。可是在君子眼里，一眼就能看透他们的五脏六腑，这种虚伪有什么意义呢，这就是心里空与不空在外面藏不住的道理，因此有道者必然会看住自己的心。

曾子说，冥冥之中到处是眼睛在看，到处是手在指点，无所逃遁隐瞒啊。富有者房屋才能华丽，有德者形貌才会庄严，心宽者身体才会饱满，故而有道君子必然会保持心空。

【解析】

这部分共两段，有几个关键词：诚意正心。诚意，即保持空心，意中无物者以直心应缘。正心，即无我。慎独，即安住道体真空而不迷。知是本、是体，行是用，体对了，用才能对；行能够伪装一时，但不能伪装一世。有道必然有德，致知必然诚意，诚意必然正心，得道者心空，应缘必然直心，必然无我。

"所谓诚其意者"，"诚意"就是领悟意中无物。诚意，不是一般人理解的"我要"诚恳。因为无物，所以不得不表现出来的一种内在状态的诚，自然而然的诚。

就像晚上做梦，梦里有各种各样的事儿，醒了会发现，在梦里做的所有事儿都那么可怜又可笑，这时候再入梦就不再迷惑了，这种情况就叫"诚意"。诚意的反面是虚伪，虚伪是因为着相，才会虚与委蛇。当你彻悟真相、彻证真相，真明白了没有一点儿可求、可避的东西，自然就会诚意。

"毋自欺也"的意思，是不会自我欺骗了。"毋"不是"不要"的意思，是"不会"的意思，"不要"是因位，"不会"是果位。自欺是自己欺骗自己。因为梦醒了以后，就没有办法再迷惑了。

好比戴上 VR（虚拟现实）眼镜，在 VR 里，不管多热闹，一摘下 VR 眼镜，刚才在 VR 里所看到的所有事，还能当真吗？当不了真了。当不了真，就叫"毋自欺也"。

"如恶恶臭，如好好色"，说明喜欢好的，不喜欢不好的，这是人之常情，就是不虚伪、不假装。也就是说，得道以后的圣人表现出来的智慧、随缘，和凡夫的"我喜欢什么就干什么，不喜欢什么就躲什么"，其直心是一样的。圣人的诚意不是装出来的，是真的，是无我的随缘无好之好、无恶之恶。虽然可能跟凡夫的表现看不出区别，也可能会被凡夫误解为假装诚意，但是圣者是心空、无我的，即使随缘示现好恶的相，但里面是没有这些的。

"此之谓自谦"，自谦就是自如、自洽，就是不假装。凡夫也有不假装的，喜欢什么，不喜欢什么，也会直接表达，君子和圣人得道以后，更不会假装了，圣人的诚意就是自谦。

这个例子是帮助凡夫理解什么是圣人的不假装。

"故君子必慎其独也"，意思是有道者必然会安住于道体而不迷。"必"讲的是果位，独就是大道。觉悟以后不迷的状态，叫"慎其独"，这是君子得道以后自然而然的果位表现。

这句话我们一般会从因位上理解，认为君子慎独，就是君子一定要修身，不要做错误的事情，不要产生错误的想法。学道的时候，可以从因位解读慎独。但是，这里是证体起用以后的果位，这儿加了个"必"字，意思是一定会这样，一定是有道以后自动就诚意，不会再迷，这叫"必慎其独也"。

君子是这样的，那小人呢？下面就讲了小人，看看反例是什么样子。

"小人闲居为不善，无所不至"，小人闲着没事，经常想谋划点什么，譬如谋划着怎么发财、怎么升官、怎么祈福、怎么避祸，每天想的都是这些如猴子捞月似的事情。而君子一直是无为的状态，没有"为善"，没有"有为"。得道以后的君子，是应缘而无所不为的，诚意，讲的就是无为而无不为。

"见君子而后厌然"，意思是迷惑中的小人，见到威武不屈、贫贱不移、富贵不淫、万事不着、潇洒自在的得道者君子时，自己也会假装跟得道者一样。这就是说，小人也会伪装自己有诚意。"厌然"的意思，是小人见到君子，感到自惭形秽，因为知道自己比不上君子，知道自己并不是真的无欲无求。但是，小人为了装出诚意，就会做出像下面这句话所描述的事情。

"掩其不善，而著其善"，意思是把私心杂念等肮脏的东西都藏起来，故意装出好的一面。掩，掩盖；著，表现。

"人之视己，如见其肺肝然"，意思是君子看小人心里想什么，就像他的五脏六腑在外面摆着一样，被明眼的君子看得清清楚楚。这里的人，指君子；己，指小人。

小人心里只要有妄动，就是藏不住的，小人只能骗过小人，骗不过君子。小人欲望强烈，内心肮脏，就像人看猴子，猴子再怎么穿衣戴帽，也变不成人。在君子眼里，小人再怎么装，也还是个小人。

"则何益矣？"意思是有什么好装的呢？没有得道，假装诚意是没有任何意义的。如果一个人还没得道，知道自己还是一个凡夫，就直心去喜欢好色，去厌恶恶臭，不要再伪装成君子，君子不是外在装出来的，也就是俗话说的"伪君子还不如真小人"。要想成为君子，就必须得道，得道以后，自然而然会表现出诚意。

"此谓诚于中，形于外"，这句就是总结上面讲的，意思是里边诚于中了，外边自动形于外。心里边空了，外边才能真的做对，自然而然表现出各种诚意的行为来；而不是里边不空，外边装出诚意。"诚于中"是原因，"形于外"是结果。

这段的最后一句，又再次强调"故君子必慎其独也"。

前面的"故君子必慎其独也"，是从果位正面表达，慎其独讲的是果位，君子诚其意是"毋自欺"的，是得道以后必然的慎其独。

到结尾这句的"故君子必慎其独也"，是从因位表达，从反面来表达：慎其独讲的是因位，意思是在因位上，开始学道的君子不要学小人装诚意，而是要用直心，用"止、定、静、安、虑、得"这个方法和次第，以直心修道，才能回

第三章　详述八目关系

归本来无我的认识。如果从修道结果的角度来看，还有进一步的含义，那就是用小人的例子作对比，再次说明，君子得道之行，必然是"慎其独"的。君子得道后，体认到无我，是体认无物那层认识的结果；一个人开始修道时，体认到无我也是通往体认无物的原因。一个人的世界观是个大集合，其人生观是个小集合，世界观这层的认识，比人生观这层的认识更通透、更圆满、更深刻。

如果按照一个人证得无物的世界观，必然行出无我的人生观来理解，前一句"故君子必慎其独也"可理解为诚意，即意中无物，把后一句"故君子必慎其独也"可理解为正心，即心中无我。整个这一段的思想，讲的就是在上一个意群格物致知，证体以后，必然是无物和无我的认识，即正知，也就一定会践行出无物和无我，即正行。

再总结一下。"慎其独"开解出了两层意思，前一个慎独讲的是果位，后一个讲的是因位；前一句表达的是意中"无物"，后一个表达的是心中"无我"，不是只有一种解释。因为我们修道的过程，恰恰就是从下往上修行抵达的过程，即"止、定、静、安、虑、得"的过程，也就是说，从因位的慎独修到果位的慎独。

"曾子曰：'十目所视，十手所指，其严乎！富润屋，德润身，心广体胖，故君子必诚其意。'"曾子说，在冥冥之中，到处都是眼睛在看，到处都是手在指点，无所逃遁隐瞒。富有者房屋才会华丽，有德者形貌才会庄严，心宽者身体才会饱满。故而有道君子必然会保持心空。这段是讲，证体以后起用，而在人生观层面的体现，就是唯用无我。

"十目所视，十手所指"，我们不要以为看不见就代表不存在，所有的鬼神，都在这儿看着，是冥冥中的监督者。一个人得道以后，他自会知道，虽然可能在有形有相界，他似乎很孤独，但是在道体上，他是无量的富裕，有无量的朋友，富裕到无尽的程度。

"其严乎"，"严"既有因位的意思，也有果位的意思。从因位上讲，严就是严厉，无处可逃，说明修道要小心；从果位上讲，严是指庄严、伟岸。

"富润屋，德润身"，这是一个俗语，意思是富裕的人，房屋才会华丽；有德的人，身相才会光彩。

"心广体胖"，这是形容有道之人的起用就会圆满。以德为身，才能教化天下。

"故君子必诚其意"，意思是说，如果不回到诚意的高度，要想教化天下，根本就没机会；如果不先做到内圣，想要外王，根本就没机会！这就是正心必先诚意。

第三节　正心修身

下面讲正心修身，就是我们常说的做到了无我，自然就无私。

所谓修身在正其心者：身有所忿懥则不得其正，有所恐惧则不得其正，有所好乐则不得其正，有所忧患则不得其正。

心不在焉，视而不见，听而不闻，食而不知其味。此谓修身在正其心。

【浅释】

所谓无私源于无我，是说行为有生气则是有我，行为有恐惧则是有我，行为有偏好则是有我，行为有担忧则是有我。

心如果不着我相，自然不会被所见动摇，不会被所闻动摇，不会被味道动摇，这就是无私源于无我的道理。

【解析】

本部分讲"正心修身"。人做一件好事容易，做一辈子好事不容易。为什么？这源于他的人生观，心中"有我"的人，就不可能安住于无私之行，不可能安住于至善之行，不可能一辈子都做好事。一个人只有彻证本来无我，才可能真正而自然地做到无私，远离愤怒、恐惧、好恶、忧患，这就是正心和修身的关系，证悟无我之后，自然无私。

我们把这部分"正心修身"分成两段，因为它是从正反两个角度来讲，修身在于正心，修身讲的是达到无私，正心讲的就是达到无我。

"所谓修身在正其心者"，意思是所谓无私，是根植于无我的一个认识，是指圣者的无私之行，是随缘而自然做到的，不是指因位、学道位的时候，要勉强自己去做。

在学道位阶段，是因为修身，所以得到了正心，而在起用位阶段，则是正心必然身修，无我必然无私。

下面接着从反面说明，所谓无私源于无我说的是什么呢？

"身有所忿懥则不得其正，有所恐惧则不得其正，有所好乐则不得其正，有所忧患则不得其正"，这四种情况是反面的例子。一个人行为上有生气的表现，就说明"有我"；行为上有恐惧表现，就说明"有我"；行为上有偏好表现，则是"有我"；行为上有担忧表现，则是"有我"。行为表现，都是价值观层面的事。

"忿懥、恐惧、好乐、忧患"是价值观层面自私的表现。因为内心有"自我"这样一个误解性的认识，就必然会产生"忿懥、恐惧、好乐、忧患"等种种行为。我们凡夫每天在做的所有事情，都是围绕这四类事情在做，不是有所追求，就是有所规避，从来都没有"八风吹不动，端坐紫金莲"的时候，从来都是"未得患得，已得患失"，天天就在做像青蛙坐井观天与像猴子捞月这样的事情。这些奇奇怪怪的行为，都是来源于"自我"。

下一段讲君子得道以后，是什么样的情形，讲的是正面例子。

"心不在焉，视而不见，听而不闻，食而不知其味。此谓修身在正其心。"这段讲的就是无我，无我自然无私。

"心不在焉",不是心不在"焉",是心"不在"焉,"焉"是一个语气副词。为什么说"心不在"?因为这时候正其心了,就没有"自我"了,心里没有"自我"这个误解,也没有"万法"的误解,什么都没有,所以心就不在。这句话千万别再理解错了!

因为"心不在焉",所以"视而不见,听而不闻"。

用人和猴子来比喻,猴子认为水里的月亮是存在的,所以它看见月亮就想捞,这就是视而见、听而闻,哪儿有发财机会?哪儿能升官?哪儿能让他得着好处?所有这些迷惑的事情,未悟道的小人就像猴子一样,到处去追逐,这就是视而见、听而闻。

君子是根本不迷惑,也不着相,自然就心"不在"焉,自然就无私了。也就是说,君子心里边是诚意正心的,所以他的行为表现出来,就必然是身修。身修代表什么?代表人不会像猴子那样去捞月,必然不会有忿懥、恐惧、好乐、忧患等种种情绪表现。

"此谓修身在正其心",意思是这就是无私源于无我的道理。圣人或君子们身修之后表现出来的无私,是因为内在正心而诚意,内在能"致知",所以才不会被这些迷惑,才不会跟小人去争夺这些东西,是体悟无物、无我之后的自然无私。

以上讲的就是正心修身的道理。因为格物致知，所以诚意正心；因为诚意正心，所以正心修身。

第四节　修身齐家

下面讲"修身齐家",就是我们常说的一个人做到了无私,自然就家齐。

所谓齐其家在修其身者:人之其所亲爱而辟焉,之其所贱恶而辟焉,之其所畏敬而辟焉,之其所哀矜而辟焉,之其所敖惰而辟焉。故好而知其恶,恶而知其美者,天下鲜矣。故谚有之曰:"人莫知其子之恶,莫知其苗之硕。"此谓身不修,不可以齐其家。

自天子以至于庶人,壹是皆以修身为本。其本乱而末治者,否矣。其所厚者薄,而其所薄者厚,未之有也。此谓知本。

【浅释】

所谓感化家族觉醒源于自身无私是说，凡夫面对自己的亲人爱人就容易偏私，面对自己所讨厌的就容易偏私，面对自己所敬畏的就容易偏私，面对自己所同情的就容易偏私，面对自己所骄傲的就容易偏私，故而能在喜欢的时候看到丑恶一面，能在厌恶的时候看到美好一面的人，（公正无私者）是少有的。故而谚语说，凡夫总觉得孩子是自己的好，庄稼是别人的好（公正无私者少）。这就是自己不能公正无私，就不可能感化家族觉醒的道理。

从天子到百姓，无不以身行无私为根本。自身做不好，是不可能让他人做好的。不在根本上下功夫，而希望在枝末上得到好果实是不可能的。这才叫明白根本。

【解析】

这两段讲"修身齐家"，家齐源于身修，身修为治乱之本。凡夫自己做不到公正无私，而又希望别人公正无私，所以，无私的君子就拥有了感化教育众生的力量。这个力量首先体现在从身边做起，也就是教化家族，以无私奉献感化教育身边的家族人觉悟大道，就是齐家。

这部分再次点明，八目里修身为本与三纲里的止于至善是一回事。

"所谓齐其家在修其身者",意思是感化家族的觉醒,一定源于自身的无私。齐其家,就是感化自己家族的人也觉醒。因为当你觉醒了,肯定是先教化自己身边的家族人觉醒。家,指整个家族。

也就是说,要想教化其他众生觉醒,你自己得有道。有道之人,在众生眼里看到的最直接、最基本的表现,就是行为方式不是凡夫俗子了,是修其身的人,修身就意味着处处表现无私之行。你的无私之行,才能让别人相信你,跟你学道,你才能教化别人,所以齐家在于修身,修身是根本。

"人之其所亲爱而辟焉",意思是凡夫面对自己的亲人、爱人就容易偏私。人一到自己所爱的人面前就会偏私。辟,就是偏私的意思。

"之其所贱恶而辟焉",说的是在自己不喜欢的东西面前也有所偏私。

"之其所畏敬而辟焉",说的是自己对敬畏的东西也会有偏私。

"之其所哀矜而辟焉",说的是对自己所同情的东西也会偏私。哀矜，同情的意思。

"之其所敖惰而辟焉"，说的是面对自己所骄傲的东西容易偏私。

人为什么会偏私？因为有迷惑，所以才执着；有执着，所以有偏私。凡夫一辈子都在干这个"辟"，即偏私、执着。

得道的君子没有偏私，而凡夫有偏私，这就是差别。凡夫看得道者从来没有这些烦恼，就会向得道者学习；因为得道者从来不争夺，凡夫就信任他，所以得道者才能教化凡夫。

"故好而知其恶，恶而知其美者，天下鲜矣"，意思是故而能够在喜欢的时候看到丑恶的一面，能在丑恶的时候看到美好的一面的人，是很少有的。这是指，真能达到行为上平等无私的君子是很少的。

凡夫都是在享福的时候就忘记了祸，见到祸的时候又忘了福。君子明白求福的时候，有时候就是在造祸；有时候人受祸时，就是在积福，所以根本就不会有任何偏私。凡夫只知求福，不知道自己同时在造祸；凡夫在避祸的时候，实际上也是在拒福，所谓"祸兮福之所倚，福兮祸之所伏"。明白这个以后，就知道凡夫有所"辟"，有多傻了！求福往往就在求祸，往往避祸就在避福，所以能明白"好而知其恶，恶而知其美"的人是很少的。

"故谚有之曰"，意思是故而谚语就说了。

"人莫知其子之恶，莫知其苗之硕"，这是当时的谚语，是对一般凡夫说的。

"人莫知其子之恶"，意思是人从来看不见自己孩子的不好，都觉得自己的孩子是天下最好的。

"莫知其苗之硕"，意思是从来不知自己的苗也很壮硕，总是看着别人家的庄稼好。

这几句话，指凡夫看问题永远是会偏私的，总是落在一边的，这都在形容人的这个"辟"，总之，君子是不"辟"的，凡夫皆"辟"。

"此谓身不修，不可以齐其家"，这就是说，如果你也是个"辟"人，跟凡夫一样，能齐家吗？

所以要想教化家族觉醒，做到齐家的话，自己就不能是个"辟"人，不能像凡夫那样有所"辟"，这个是不行的，必须做到身修。

"自天子以至于庶人，壹是皆以修身为本"，意思是从天子到最基层的百姓，都要从修身下手，也就是从"礼"下手，从价值观开始下手，从无私下手，这就叫"壹是皆以修身为本"。

为什么天子、得道的圣人也还是以修身为本呢？因为得道的圣人，得道后唯一的表现，还是无私之行，而且除了无私之行，也再没有其他了。凡夫学道，要以无私为起点，圣人得道后，还是归于无私之行。学道是学无私，圣人是行无私。所以，无私就是本，无私之行就表示着修身，这就是"修身为本"。

以圣位起用，也是修身为本，因为圣位的人无我，只有无私之行；而凡夫修行，只有通过无私之行，才能回归大道之圣位，这就是"壹是皆以修身为本"。这是从圣凡两个角度来解释这句话。

修身为本是关键点，也是圣凡所交接的汇集点。凡夫是认相的，圣者只能在凡夫所认所见的相上，接引凡夫觉醒。所以，必须在相上行无私之行，这就是修身为本的关键。

《大学》里边的这句"自天子以至于庶人，壹是皆以修身为本"是千古至理名言。

"其本乱而末治者，否矣"，意思是如果这个根本是乱的、是颠倒的，要想得到好结果是没可能的；"否矣"，意思是不可能。

"其所厚者薄，而其所薄者厚，未之有也"，这句话跟前面那句是一个意思。也就是说,颠倒了本末、是非、因果的话,想得个好结果是没有可能的。

"此谓知本",到这儿才算是知本了。这个"此谓知本"和"详述三纲关系"里"止于至善"的最后一句话"听讼,吾犹人也。必也使无讼乎!无情者,不得尽其辞,大畏民志,此谓知本"的"此谓知本"是一个意思。也就是说,"止于至善"和"修身"讲的是同一道理,都是指无私之行。

现在这个逻辑就清楚了,一个人做到"格物致知",即得道了以后,内在是无物、无我,这就是诚意正心;内在无物、无我之后是无私之行,这就是正心修身;修身以后必然齐家,齐家必然就要修身。

这不就是个普通的道理吗?你会选一个自私自利的人来管理你、领导你并愿意跟他学习吗?所以,无私是最基本的。这就是先修身而后齐家的关系。

家齐以后就该国治了。这是由内而外、由近及远。

第五节　齐家治国

下面是"详述八目关系"这部分的第五个大意群：齐家治国，就是家齐，自然国治。

所谓治国必齐其家者：其家不可教而能教人者，无之。故君子不出家而成教于国。孝者，所以事君也；弟者，所以事长也；慈者，所以使众也。《康诰》曰："如保赤子。"心诚求之，虽不中，不远矣。未有学养子而后嫁者也。一家仁，一国兴仁；一家让，一国兴让；一人贪戾，一国作乱。其机如此。此谓一言偾事，一人定国。尧、舜帅天下以仁，而民从之；桀、纣帅天下以暴，而民从之。其所令反其所好，而民不从。是故君子有诸己，而后求诸人；无诸己，而后非诸人。所藏乎身不恕，而能喻诸人者，未之有也。故治国在齐其家。

【浅释】

所谓教化邦国领悟大道在于教化家族领悟大道，是说不能首先让家族教化，而能教化邦国的事是没有的，所以说君子不用离开教化家族的方式，就应该能教化邦国。具体说就是用孝敬父母的精神来事奉君主，用悌尊兄长的精神来事奉尊长，用慈爱家人的精神来使用民众。《康诰》上说："如同保持赤子之心。"如果真的以孝弟（悌）慈为求，即使暂时没达到，也不会相差太远。哪能先学养育孩子再出嫁呢？（言孝悌为本，本末不能倒置。）一家仁爱，一国也会兴起仁爱；一家礼让，一国也会兴起礼让；一人贪婪暴戾，一国就会犯上作乱，机理就是这样。这就是一句话就能坏事，一个人就能安邦的道理。

尧、舜用仁爱示范天下，老百姓就会跟着学仁爱；桀、纣用凶暴示范天下，老百姓也会跟着学凶暴。如果统治者的命令违背他自己的真实喜好，百姓就不会服从（言其表里不一）。所以君子一定先自己做到再要求别人，自己做不到的不会要求别人。自身行为不可饶恕，却要求别人做好，这是不可能的。所以说教化邦国首先在于教化家族。

【解析】

"所谓治国必齐其家者：其家不可教而能教人者，无之"，如果连家族人都教化不了，家人都不服你，一国之人能服你？没可能的。家就是指一个家族，国是由家组成的。一国的君主，就是该国最有道的人。所以，必须得先把自己的家族治理好，让这个家族人都走上"礼、义、仁、德、道"这条路。如果你的家族里贤才、能人、圣人辈出，别的家族才会来投奔你，跟你们家族学习，最后逐渐形成一个国。

这就是周朝的祖先古公亶父"一年成聚、二年成邑、三年成都"的故事，讲的就是这个过程——格物致知、诚意正心、修身齐家、齐家治国。因此，从古公亶父到他的儿子季历，再到文王，最后到武王的时候，就治国平天下了。就是这么个道理。

"故君子不出家而成教于国"，意思是君子不用离开自己的家族到外边去教化天下。你如果有道，你的家族全都有道，别人就会来投奔你，而形成一国，你所在的地方就是中国了。所以，教化不是追着别人到处说教，而是首先自己有道行德，再影响家族人有道行德，由近及远，其他家族也来投奔，慢慢接受教化，就形成了一个国，这个有道行德之国就叫"中国"。其他国的人,再来投奔你这个国,这个大大的国就叫天下。这就叫"君子不出家而成教于国",乃至于成教于天下的道理。

这就明白了,中华的天下是怎么来的,国是怎么来的,都是有道的人教化来的。教化一家,就叫一家之教;教化一国,就叫一国之教;教化天下,就是天下之教,这就叫中华之教。

"孝者,所以事君也;弟者,所以事长也;慈者,所以使众也。""孝、悌、慈",就是在教化时最常用的三个"工具"。只要在家里做好了,家族就兴旺了,别的家族来投奔你,慢慢就是一国了。这一国都行孝、悌、慈,别国的人也跟着学,天下就都是孝、悌、慈。孝、悌、慈,就是教化天下的过程。"使众"就是使唤别人,为什么能使唤别人?因为别人心甘情愿地为你服务,所以你才能使唤别人。不是说我下个命令,使唤百姓,是百姓主动来投奔你。因为你待百姓以慈,所以百姓才主动,并甘愿被你驱使去一起开渠、一起开荒、一起农桑、一起建造房舍、一起抵御敌人、一起学教化,都是因为在上位的人有慈,所以大家愿意听你使唤。

"《康诰》曰:'如保赤子。'心诚求之,虽不中,不远矣。"《康诰》说，如同保持赤子之心一样，如果真的以"孝、悌、慈"为求，即使暂时还没达到，那也不会相差太远。

就是说一家想兴盛，就在家里提倡孝、悌、慈，以孝、悌、慈来保持。

圣人在外面的表现是无私之行，必然是孝、悌、慈。圣人得道以后，与尊长即天地君亲师等长辈相处，必然是孝，与同辈相处，必然是悌，与其他普通人相处，必然是慈。

《诗经》里说过，文王在岐山的时候，他每天带着太太和大家一起耕作、一起盖房子、建明堂，大家都愿意，欢快着呢，都愿意被文王驱使，因为文王有孝、悌、慈。

"孝、悌、慈"，就是圣者内在无为，在外面无所不为的三种主要表现。他有这三种主要表现以后，他的家族就会有孝、悌、慈的风气，有孝、悌、慈的风气以后，别人就会来投奔他。

前文提到的虞国和芮国找周文王打官司的事，反映的就是孔子讲的圣人"道盛德至善，必也使无讼乎"的道理，这是真正有道者的"孝、悌、慈"的德性光辉。

"孝、悌、慈"表现在一家，就是家风；表现在一国，就是国风；表现在天下，就是天下之风。这就是"君子不出家而成教于国"。这就是《康诰》说的"'如保赤子'，心诚求之，虽不中，不远矣"。

"孝、悌、慈"是一个人得道以后的外在的表现，"孝、悌、慈"不是靠有为有意制造出来的，如果去有意制造"孝、悌、慈"，去保持"孝、悌、慈"，就会变成伪孝、伪悌、伪慈。那怎么做到呢？"孝、悌、慈"就是前面的"慎其独也"，就是一切皆以修身为本，保持"诚意""正心""无物""无我"的认识。《康诰》里讲的"如保赤子"，就是这个深度，是心不迷的高度、深度，这才不失根本，才能真正做到"孝、悌、慈"。

如果你还没有达到这个深度，那就是"心诚求之，虽不中，不远矣"，虽然没有完全达到"致知"的程度，只要诚其心，就是在行无私，就不会偏差太远，这是从因位上说的。

正是因为有凡夫思维视角的知识分子、学者，在形而下去追求"孝、悌、慈"，仅仅在形式上去模仿，而忘掉了最终的、根本的"无物""无我"的大道旨归，才会导致中华之教没落，而变成腐朽的桎梏了。

"未有学养子而后嫁者也"，意思是自古从来都没有过先学会养育孩子再嫁人这种事。这是什么意思呢？讲的是修身要以"孝、悌、慈"为入手，不要期望人们一上来就能够先有道后行道；而是要让人们先学"孝、悌、慈"，说明教化的过程不能本末倒置。

在教化民风里，"孝、悌"是要提倡的，有了"孝、悌"这个真空之用，才能慢慢证入大道，"孝、悌、慈"是天下大治的入手处。"孝、悌"就是从"礼"这个起点开始行的，学"孝、悌、慈"也是从这儿开始学的。也就是说，不是先得道，才学"孝、悌、慈"，而是行无私，才有可能得道。

"嫁人"，比喻学"孝、悌、慈"，养育孩子比喻得道。"如保赤子"，讲的是有道，"心诚求之，虽不中，不远矣"讲的是学习、向道，是修道。

所以，这里讲的是得道和学道的关系。对圣者来说，有道自然行出"孝、悌、慈"；对凡夫来说，先学"孝、悌、慈"，再得道；不是先有道，再行"孝、悌、慈"。也就是说，教化民众必须得先从"孝、悌、慈"开始下手，最后才能让他们得道，就像女人先要嫁人，然后才能养育孩子，是一个道理。要知其本，时刻不离修身为本，这就是"齐家治国"与"道"的关系。

"未有学养子而后嫁者也"，也可以说嫁人是本，养育孩子是必然的。是比喻从外行到内知的关系。也可以比喻有道，然后家齐，家齐然后国治，这个顺序也可以。总之，这个顺序都是从外而内得道，从内而外行道，不能搞错了。

"一家仁，一国兴仁；一家让，一国兴让；一人贪戾，一国作乱。其机如此。""机"就是机关，也就是机理。本末顺序千万不能颠倒，不能说先从外边让国兴了，再让我的家族兴，再让我这个人有道，这是不可能的。必须是：我有道，让家族兴仁；家里有仁，才能让一国兴仁。都是从内而外，先内圣而后外王的。

像春秋五霸、战国七雄乃至秦始皇，都是想先征服别人，然后显得自己有道的人，这正好颠倒本末了，所以，他们都维持不了多久。我们上古的国家，一个朝代哪怕最终是因为失道而灭亡，可是在有道的时候，也都是一万八千年以上。《鹖冠子》记载"泰上成鸠之道，一族用之万八千岁"，因为那时候都是在上位者有道而吸引别人来，而不是说去控制别人，绝不是那样的。如果是控制别人，那能控制多久？民心能控制住吗？"厉王止谤，道路以目；防民之口，甚于防川"，最终周厉王被流放而终结，因此，民心是自动归附有道的人，在上位的人，自己必须有道、行德才行。

"此谓一言偾事，一人定国。"这就是说，一句话就能坏事，一个人就能安邦的道理。内圣是体，外王是用；内圣是本，外王是末，这是个基本的逻辑关系，也是根本。一言一人，指的都是君主有道、行德，才能齐家治国。

这段讲"齐家治国"。家齐是本，治国是末。

"尧、舜帅天下以仁，而民从之"，意思是尧、舜用仁爱示范天下，百姓就会跟着学仁爱。

"桀、纣帅天下以暴，而民从之"，意思是桀、纣用凶暴示范天下，老百姓也会跟着学凶暴。这就是孟子说的"上有所好，下必甚焉""一人乎，一人乎，命之所极也"，换句话说，君主是什么样的人，下边的人就跟着学什么。

"其所令反其所好，而民不从"，意思是如果统治者的命令，违背他自己的真实喜好，百姓就不会跟从了。这就是如果统治者自己表里不一，嘴上说爱民，实际上是搜刮民财，嘴上说不贪财，是无私、无我的，但是干的那些事正好与之相反，那么民就不从了。

"是故君子有诸己，而后求诸人"，意思是所以君子一定先自己真做到了，才能要求别人做到。这就是自正，才能正人，自己不能自正，就不能正人。

"无诸己，而后非诸人"，意思是自己做不到，就没资格要求别人。

比如，如果一个人他自己就是一个贪官，却去查别人

中华概史图

(粗略计算)《春秋纬·元命苞》开辟至获麟前凡三百二十六万七千岁,分为十纪。

疏仡纪(前二十六朝)32.67万年
时间为示意,并非平均

⑥ 赫头皇
⑦ 雄隆皇
⑧ 平统皇
⑨ 尊卢皇
⑩ 白马皇
⑪ 粟隆皇
⑫ 犁连皇
⑬ 汉中皇
⑭ 太昊
⑮ 女娲
⑯ 有炎氏
⑰ 泰氏
⑱ 成鸠氏
⑲ 素皇氏
⑳ 内端氏
㉑ 伏羲氏
㉒ 卷须氏

(华胥氏)

九头纪之前皆推为盘古

第一纪 九头纪
第二纪 五龙纪
第三纪 摄提纪
第四纪 合雒纪
第五纪 连通纪
第六纪 叙命纪
第七纪 循蜚纪
第八纪 因提纪
第九纪 禅通纪
第十纪 疏仡纪

① 配罗皇
② 有巢氏
③ 燧人氏
④ 容成氏
⑤ 大庭皇

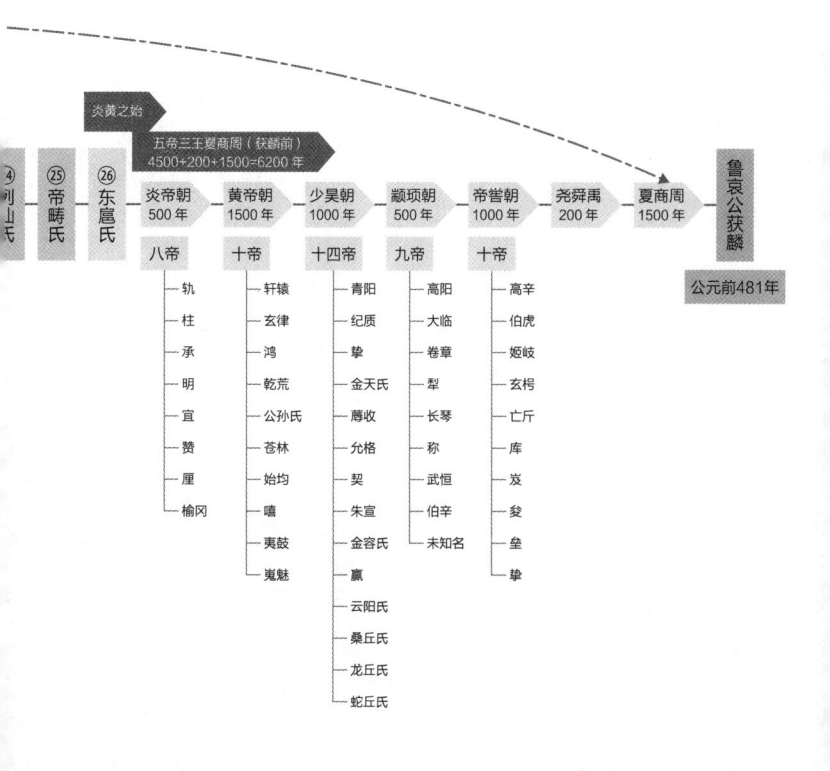

㉔ 州山氏 — ㉕ 帝畤氏 — ㉖ 东扈氏

炎黄之始

五帝三王夏商周（获麟前）
4500+200+1500=6200 年

| 炎帝朝 500年 | 黄帝朝 1500年 | 少昊朝 1000年 | 颛顼朝 500年 | 帝喾朝 1000年 | 尧舜禹 200年 | 夏商周 1500年 | 鲁哀公获麟 |

公元前481年

八帝 / **十帝** / **十四帝** / **九帝** / **十帝**

炎帝朝 八帝：
- 轨
- 柱
- 承
- 明
- 宜
- 赞
- 厘
- 榆冈

黄帝朝 十帝：
- 轩辕
- 玄律
- 鸿
- 乾荒
- 公孙氏
- 苍林
- 始均
- 嚣
- 夷鼓
- 夷魅

少昊朝 十四帝：
- 青阳
- 纪质
- 挚
- 金天氏
- 蓐收
- 允格
- 契
- 朱宣
- 金容氏
- 嬴
- 云阳氏
- 桑丘氏
- 龙丘氏
- 蛇丘氏

颛顼朝 九帝：
- 高阳
- 大临
- 卷章
- 犁
- 长琴
- 称
- 武恒
- 伯辛
- 未知名

帝喾朝 十帝：
- 高辛
- 伯虎
- 姬岐
- 玄枵
- 亡斤
- 库
- 夋
- 夋
- 垒
- 挚

的贪污，他能心安理得又理直气壮吗？明朝就是这样的，地方官贪污了，派出钦差去查，钦差刚上路，后边又派出另一位钦差，去抓上个钦差了，因为他也是贪污犯。前边去的钦差到了地方官那里审人家，吓得人家哆嗦，审训还没结束，后来的钦差就赶来宣读先来的这位钦差的罪状了，这就是"无诸己，而后非诸人"。反过来，如果你真的是无欲无求，是个君子的话，就是前面那句话"君子有诸己，而后求诸人"，那么你说话永远都有分量。这是最基本的，如果心里有欲有求，你就没有力量了。

"所藏乎身不恕，而能喻诸人者，未之有也。"意思是自身的行为如果不可饶恕，却要求别人做好，这是不可能的。

"故治国在齐其家。"意思是治国之道存在于理顺自己的家族之中。如果一个家族有道，国中其他家族才能跟着该家族学；如果这个家族都无道，别人凭什么跟着这个家族学？

家风就是民风，一国的民风，就是从家族的民风来的，一家的民风，是从一家之长的修养来的，所以还是要看家族长的修养怎样。

所以，要想真正地让别人信服，只有从自己的修身处下手，才有可能齐家治国，才有可能表率于天下、号召于天下，否则说什么都没有用。

《诗》云："桃之夭夭，其叶蓁蓁。之子于归，宜其家人。"宜其家人，而后可以教国人。《诗》云："宜兄宜弟。"宜兄宜弟，而后可以教国人。《诗》云："其仪不忒，正是四国。"其为父子、兄弟足法，而后民法之也。此谓治国在齐其家。

【浅释】

《诗经》说，桃花鲜美，树叶茂密，这个姑娘嫁到这里，让全家人都能和睦。让全家人达到和睦，然后才能教化一国人。《诗经》上说："达到兄弟和睦。"达到兄弟和睦，然后才能教化一国人。《诗经》上说："自己庄重严肃，能匡正四方之国。"只有当一个人无论作为父亲、儿子、哥哥、弟弟都值得人效法时，老百姓才会去效法他。这就是教化邦国首先在于教化家族的道理。

【解析】

这段讲"齐家治国"。道理很简单，把齐家的"孝、悌、慈"三种精神推广到治国，照样可以教化邦国觉醒。

"《诗》云：'桃之夭夭，其叶蓁蓁。之子于归，宜其家人。'宜其家人，而后可以教国人。"这是《诗经》里讲的一个案例，是说一个姑娘嫁到了这一家，因为这姑娘有德，所以她能让全家人都和睦。这一家人和睦了以后，才能达到一国人的和睦。这是表示，如果有一个好的女孩子嫁给了一个好的男孩子，就把这一家的家风教化了，这一家的家风教化了，就导致这一国的国风都改变了。

这是《诗经》里边讲的，为什么会写进《诗经》里边？因为有真实的历史案例，有真实的历史故事。

举个《尚书》里的例子，有莘氏之女纴妀嫁给了商汤，纴妀带着一个著名的"陪嫁"——伊尹。纴妀嫁给商汤之后，商这一国就达到了"'桃之夭夭，其叶蓁蓁。之子于归，宜其家人。'宜其家人，而后可以教国人"所描述的情况，商汤的这一国是不是就厉害了？

"《诗》云：'宜兄宜弟。'宜兄宜弟，而后可以教国人。"意思是《诗经》上说，达到兄弟和睦。达到兄弟和睦，然后才能教化一国人。你自己的家做好了，这一国才能好。兄弟，就是指代一个家。

"《诗》云：'其仪不忒，正是四国。'"意思是家族里所有的仪式和家风如果是正确的话，就能正四方之国的规矩。

仪，指家里的家风；不忒，不错的意思；"正是"，做动词，道正使之达到规范的意思。自己跟自己一个人是不存在仪式的，只有家族才有仪式。这就是齐家才能治国，治国必须先齐家。

"其为父子、兄弟足法，而后民法之也。"意思是作为一家人，父子、兄弟如能和谐相处，足以让别人去效法的话，别人才会跟你学。

"此谓治国在齐其家。"这就叫治国在于理顺家族的道理。

第六节　治国平天下

"详述八目关系"的前五个大意群,即"格物致知、诚意正心、正心修身、修身齐家、齐家治国"都讲完了,下面接着讲这部分的第六个大意群:治国平天下。这一部分有六个小意群:

第一,先慎乎德;

第二,有德有人;

第三,有人有土;

第四,有土有财;

第五,有财有用;

第六,修身为本。

第六个小意群,总结为"一切皆以修身为本",这个总结既是治国平天下这一点的总结,也是整个"详述八目关系"的总结,还可以看作是整部《大学》的总结。最后归纳到修身为本，非常精炼。这就是这一部分的脉络。

现在，我们进入整部《大学》脉络的"详述八目关系"的最后一个——"治国平天下"。

下面先讲第一个小意群：先慎乎德。

所谓平天下在治其国者：上老老而民兴孝，上长长而民兴弟，上恤孤而民不倍，是以君子有絜矩之道也。所恶于上，毋以使下；所恶于下，毋以事上；所恶于前，毋以先后；所恶于后，毋以从前；所恶于右，毋以交于左；所恶于左，毋以交于右。此之谓絜矩之道。

【浅释】

所谓要教化天下先要教化邦国，是说上位者孝敬父母，百姓就会孝敬父母（孝）；上位者尊重兄长，百姓就会尊重兄长（弟）；上位者体恤鳏寡孤独，百姓就会跟着去做（慈）。所以，君子都是践行"絜矩之道"的人（以身垂范、推己及人）。那些被上位者厌恶的，就不要再用这种行为领导下位者；被下位者厌恶的，就不要再用这种行为去事奉上位者（孝）；被年长者厌恶的，就不要再用这种行为垂范年幼者；

被年幼者厌恶的，就不要再用这种行为见纳于年长者（弟）；被右舍人厌恶的，就不要再用这种行为去交往左邻人；被左邻人厌恶的，就不要再用这种行为去交往右舍人（慈）。这就叫作"絜矩之道"。

【解析】

这段话的最后一句，点出一个关键词"絜矩之道"，我们先解释一下。

"絜矩之道"，还有一种写法是"挈矩之道"，都是一个意思。可以把这个词看成对整部《大学》的一个总结。懂得絜矩之道，就懂得《大学》的内圣外王之道了。

"絜矩之道"，简单理解，就是拿尺子之道。絜，就是拿的意思，矩，就是尺子的意思。拿尺子量自己，这就是絜矩之道的意涵。

中华古道——絜矩之道，由来已久。按照我们给大家的《中华概史图》(《春秋纬·元命苞》)，咱们不用往前说几百万年了，就从最近的伏羲和女娲来说，传的就是絜矩之道，伏羲女娲已经是疏仡纪里的王朝了，算是比较近的人文的祖先了。

上图是我们中华的人文始祖——伏羲氏和女娲氏传道时候的一个象征。伏羲（*右边*）手里拿的弯曲的东西是矩，女娲（*左边*）手里持的像筷子似的东西就是规。规以测天，矩以度地，规和矩放在一起，表示中华的文教，取法天文地理之天圆和地方；规是测天圆的，矩是测地方的。因为取法于天圆和地方；所以有了中华的人文之教，用人文始祖伏羲和女娲来表示中华的教统和道统，才有了这张图片。规和矩不是用来表示测量天空、分配土地的，不是搞生产活动的，规和矩是人文教化的代表。

也就是说，从很早以前，中华的传教、传道就有这个名字——"挈规絜矩之道"，"挈"字和"絜"字，写法很像，这两个字，在古代竹简里是通用的，都表示"持有"，"絜"后来有了测量的意思。"挈规絜矩之道"后来逐渐演化，缩写为大家现在在《大学》里看到的絜矩之道了。所以，我们古人是取法天文地理，以建立教统来教化众生的。

这就是絜矩之道这个词的来源。

絜矩之道的义理，就是拿尺子之道。

我们今天的人喜欢拿尺子去衡量别人，别人是否合格，哪里长了，哪里短了，有没有私心等等，但这不是絜矩之道。

如果翻译成《大学》里的话，絜矩之道就是自正正人、自觉觉他之道，也就是《大学》的内成大人、外化大众之道，这就是拿尺子之道。拿尺子量自己——自己是不是无私的？是不是无我的？是不是无物的？是不是符合"中华大道三观"的高度？是否达到了"礼"的高度、"义"的高度、"仁"的高度？还是在"道"位和"德"位的高度？这叫拿尺子之道。拿尺子量自己，这叫自正。自正以后，就能放出道德的光辉来感化众生觉醒，这个就叫正人，这就叫絜矩之道，或者叫挈矩之道。

大家还记得金庸先生小说里的"葵花宝典"吗？葵花宝典里的名言是"欲练神功，必先自宫"，岳不群、林平之、东方不败练的就是葵花宝典，都是先自宫，才能有神功。虽然大家传来传去变成一句玩笑话，但是这句话讲出了很深的道理，这其实就是我们中华的絜矩之道，就是大学之道。欲练神功，必先自宫，是把自私的念头砍掉，把"自我"的念头砍掉，把认为有客观世界存在的邪见都砍掉，这叫"自宫"。"自宫"以后，依道而生的无量的光辉，自动就能够教化众生觉醒，这叫"神功"。所以"欲练神功，必先自宫"，就是我们讲的自正正人、自度度人、自觉觉他，就是内成大人、外化大众之道，就是中华的内圣外王之道，就是中华的"大学之道"。

如果用三观的标准衡量，有三层——第一层，是唯公无私的价值观；第二层，是唯用无我的人生观；最深一层，是唯道无物的世界观。

如果用五纲的标准衡量，也有三层——礼、义、仁及仁以上。刚开始学"礼"，进一步达到"义"，再进一步达到"仁"，进而达到"仁"以上的"德"位和"道"位。

永远是拿尺子量自己的心，这个心就是光辉的来源，就是"齐家治国平天下"的根本所依。

絜矩之道的来源和道理都讲清楚了，只要记住絜矩之道，即便《大学》里的其他语句都没记住，也没关系，这就是整部《大学》的核心要义。

我们现在逐句讲解一下"治国平天下"的第一个意群——"先慎乎德"。

"所谓平天下在治其国者"，意思是所谓要教化天下先要教化邦国这件事。

"上老老而民兴孝"，意思是在上位的人能够尊敬老人，百姓自然就能兴起孝敬老人的民风了。老老，就是孝顺老人的意思，第一个老字是动词，是孝顺的意思；第二个老字是名词，指老人。上，是指居上位、居教师地位的人。哪些人居教师地位？首先是天子，然后是诸侯国的君主，然后是天子下面的公、卿、大夫，然后是君主下边的卿、大夫、士，这些都属于教师，都属于居上位的人。孝，指的是晚辈对长辈的孝敬。

"上长长而民兴弟"，意思是居上位的人都尊敬自己的兄长，民间百姓自然也就尊敬自己的兄长，或尊重比自己年长的人了。弟（悌），是指兄弟之间的友爱，是指友爱有年纪差的同辈人。

"上恤孤而民不倍",意思是上位者体恤鳏寡孤独,百姓就会跟着去做,而不会违背。孤,代表鳏寡孤独;恤孤,就是体恤、抚恤鳏寡孤独的意思;倍,通"背"或"悖",违背的意思;民不倍,就是老百姓自然也不会违背,也会跟着学着慈爱的。

前面讲过从"孝、悌、慈"入手,孝是对比自己高的长辈;悌是对同辈的家族里的兄弟姐妹;慈就是对家族以外的、社会上的其他任何人,也就是说以修身为本了。如果在上位的人能够有"孝、悌、慈"的行为,百姓自然就"兴孝""兴悌""不倍"。

这三句讲的是,只要在上位的人用絜矩之道量自己,指自正,你有"孝、悌、慈",百姓自然就有"孝、悌、慈",即正人。

"是以君子有絜矩之道也。"意思是所以君子都是践行絜矩之道,以身垂范、推己及人的。君子,指所有在上位的人。

"君子"在中国古代的语义比较宽泛,只要开始修道的人,都被称为广义上的君子;但如果指的是出仕为政的这些人,就必须是归仁以上、进入圣位的才叫君子。如果按照圣人、贤人、君子来分的话,从"礼"位到"义"位之间的叫君子,从"义"位到"仁"位之间的叫贤人,"仁"位以上称之为圣人。"君子"有这几种意思,大家遇到古文的时候,学会灵活去使用,不要学死了。

君子,也就是指学道的人、有道的人、行道的人、传教的人,自己首先要有"絜矩之道",就是拿尺子量自己,自正正人。

前面几句讲的是正面例子——如果你自己正了,自动就能正人。下面讲反例,如果不能自正,就不能正人。

"所恶于上,毋以使下",意思是不尊敬长辈,无以统帅下属。那些被上位者厌恶的,就无以领导下位者。换句话说,就是当一个人被长辈所厌恶,自己就没有做到老吾老,他想统帅位子比自己低的人,人家不会信服他。

"所恶于下,毋以事上",意思是如果你作为长辈,被你的儿孙或下级厌恶了,你说你能够侍奉好你的长辈,没可能的,你的长辈也就不会相信你了。

这两句话一个对上,一个对下。对上,如果做不好,对下,自己也不被相信;对下,如果做不好,对上,也不被相信。说白了,如果你自己三观不正,没有自正,是无以正人的,对上正不了,对下行不通。

下面的"所恶于前,毋以先后;所恶于后,毋以从前;

所恶于右，毋以交于左；所恶于左，毋以交于右"，都是这个意思。

"上下"对应的是"孝"；"前后"对应的是"悌"；"左右"对应的是"慈"。就是对应上面的"上老老""上长长""上恤孤"。

在这里我不想教大家"小学"之技。"小学"之技是学音韵训诂或是学认字、学语法；"大学"之道是学义理。我们不再过多徘徊"小学"之技了，因为默认大家的"小学"的学养是够格的，当然也有些是默认大家的修养在三观上，是够格的，如果你有这两条中的任何一条，都能听得懂这里讲的《大学》。如果你有学养，但修养还不够，可以用"中华圣人之教五纲"来证入《大学》；如果你有修养，但学养还不够，可以用"中华大道三观"来契入《大学》；如果你的学养与修养都具备，三观五纲就都能契入《大学》。

"此之谓絜矩之道"，这段的最后又出现一次"絜矩之道"。这是利用前面几句反面例子，把絜矩之道又作了一次分析。

前面那句"是以君子有絜矩之道"，是正面讲的。这就是从正反两个方面把絜矩之道讲清楚了。

絜矩之道就是所谓的"先慎乎德"，即必须自己先有德，德是描述心之真空的；德是从道来的，道是描述真空之心。一个人有真空之心，有心之真空，必然是唯用无我的人生观以及唯公无私的价值观，体现在教化众生上，才可能是"民兴孝""民兴悌""民不倍"，才可能齐家治国平天下。就是这么个道理，其实很简单。也就是说，你根本就不用非得离开你的家，一定要出去做什么，你只要在家里有道、行德，就会成功的，这就是"故君子不出家而成教于国"。

"絜矩之道"的核心，就是拿着尺子量自己，只要自己还有自私，破除它；只要还有"我想"，破除它；只要还有"物想"，觉破它。践行絜矩之道，只做这一件事儿，不拿尺子量其他任何一颗心，这是絜矩之道核心中的核心，只量自己，绝不可以量别人。量别人的是小人，正因为小人要拿尺子量别人，所以君子要拿尺子量自己，才能不跟小人一样，让小人挑不出毛病，他们才肯跟君子学。如果小人能从"君子"身上挑出毛病，他觉得"君子"跟他一样，他是不可能跟"君子"学的。所以，中华之道，难就难在这儿，不是用来要求别人的，不是去规范别人的，是来规范自己的。

这个"絜矩之道"，就是我们人文始祖伏羲、女娲传下来的。

什么是"天圆"?"天圆"就是道。什么是"地方"?"地方"就是指德。就是这么简单,有道、行德。也就是《易经》里的乾卦和坤卦,乾卦——天行健,君子以自强不息;坤卦——地势坤,君子以厚德载物。一个讲道,一个讲德。都是修行自己的心,把心归空,归到道上,放出德的光明,这就叫"絜矩之道"。

下面的意群是讲"絜矩之道"的作用。

第二个小意群:"有德此有人。"如果一个人有德、有道,心空以后,自动就有光辉了。就像在黑夜里有一盏明灯,所有的飞蛾都愿意趋向光明,有道、有光辉的人,身边一定会有人聚合而来。

《诗》云:"节彼南山,维石岩岩。赫赫师尹,民具尔瞻。"有国者不可以不慎,辟则为天下僇矣。《诗》云:"殷之未丧师,克配上帝。仪监于殷,峻命不易。"道得众,则得国;失众,则失国。是故君子有大道:必忠信以得之,骄泰以失之。

【浅释】

《诗经》上说:"巍峨的南山啊,岩石耸立,显赫的太师伊尹啊,天下人都在看着你。"统治国家的人不可不谨慎,稍有偏私就会被天下人推翻。《诗经》上说:"殷朝没有丧失太师伊尹之道的时候,还是能够与天德相符的,请用殷朝做个鉴戒吧,守住天德并不是一件容易的事。"这是说领导者得民心者得天下,失民心者失天下。因此君子是有大道可循的,必以忠诚信义而获得,以骄奢放纵而失去。

【解析】

这一段一共有五句话:

第一句是引用《诗经》来起兴,"《诗》云:'节彼南山,维石岩岩。赫赫师尹,民具尔瞻。'"

第二句是曾子对这句话的总结:"有国者不可以不慎,辟则为天下僇矣。"

第三句还是引用《诗经》,"《诗》云:'殷之未丧师,克配上帝。仪监于殷,峻命不易。'"

第四句是曾子对这句话的总结:"道得众,则得国;失众,则失国。"

最后一句,是对《诗经》里这两句话的进一步的总结和提炼:"是故君子有大道:必忠信以得之,骄泰以失之。"

这五句话跟"有德,此有人"是什么关系呢?我们一句句来看。

"《诗》云:'节彼南山,维石岩岩。赫赫师尹,民具尔瞻。'"意思是,《诗经》上讲:"巍峨的南山啊,岩石耸立,显赫的太师伊尹啊,天下人都在看着你。""维石岩岩",意思是岩石是多么坚固啊,伟岸地耸立着,"维石",指岩石;"岩岩",坚固的样子。这八个字是借景抒情。

清华简《殷高宗问于三寿》,也有类似的章句,高宗与三寿在洹水岸边看天、看地、看水、看风,借景说理。像唐诗《登鹳雀楼》的"白日依山尽,黄河入海流。欲穷千里目,更上一层楼",前两句是借景,后两句是抒情,或者言志,或者言理。《诗经》也是一样的,前边是"节彼南山,维石岩岩",是写景,后边是"赫赫师尹,民具尔瞻",是抒情,借景言志、言理。

"赫赫师尹",意思是显赫的太师伊尹啊,师尹就是指太师伊尹,伊尹是当时辅佐商汤的宰相。"赫赫",是对伊尹"道盛德至善"的这种修为境界的一种描述。

读过《尚书》的人,对伊尹就很熟悉,甚至很喜爱了。商汤的太太纴妨喝了伊尹做的汤以后,"芳脂以萃,身躬顺平，九窍发明以道，心恭舒快以恒"，了不起！伊尹不愧是"道盛德至善"的圣贤。

"民具尔瞻"的意思，因为伊尹的"道盛德至善"的光辉太大了，老百姓就像仰望南山一样仰望伊尹。

"有国者不可以不慎，辟则为天下僇矣。"这句话是对前面"诗云"那句的总结，意思是处于君位的人不可不谨慎，稍有偏私就会被天下人推翻。"有国者"，就是指拥有天下、处于君位或者管理天下、教化民众的这些人。"辟"是贬义词，指邪辟、偏私，也就是失道的意思。

前面这两句是从正反两个方面来讲"有德此有人"这个道理的。君主或者大臣只要有道有德，天下的百姓马上就会仰望他；相反，有国者只要稍微失道败德，马上就会被天下人推翻。《诗经》是正面讲伊尹了不起，曾子引用这句话的意思，是要我们跟伊尹学。接着曾子从反面提醒大家，在上位者一旦失道了，国破家亡也很快。

通过这个总结，就把德和人关联在一起了。老百姓仰望伊尹的意思，就表示谁有道，百姓就跟着谁；曾子讲在上位者一旦失道，就国破家亡，人就散了。

下面两句，也还是一句《诗经》，加一句曾子的总结。

"《诗》云：'殷之未丧师，克配上帝。仪监于殷，峻命不易。'"《诗经》说:"殷朝没有丧失太师伊尹之道的时候,还是能够与天德相符的,请用殷朝作个鉴戒吧,守住天德是多么地不容易啊。"

殷就是指殷商。未丧师,意思是是没有丧失太师伊尹之道的时候;如果把这个"师"理解为百姓,也可以理解为没有丧失民心的时候,这两种理解都可以。

"克配上帝",意思是能够格于上天之道、上天之德。

"仪监于殷",意思是请用殷朝做个鉴戒吧。这里隐含有一句话没说,就是殷失道、失德以后,很快就被灭掉了,到了纣王时候瞬间就被灭了。所以一定要以殷为鉴。

"峻命不易",意思是让天命恒峻长久是多么不容易的事。峻命就是守住天命,这里的峻,指的就是前面的"维石岩岩"。

也就是说,天子一旦失德,马上就丢天下了,所以要以殷为鉴,要知道保持天命的位置是很难的。

接下来是对这句《诗经》的总结。"道得众,则得国;失众,则失国",这是说领导者得民心者得天下,失民心者失天下。这句是总结:有德就有人,失德马上就失人;还是对"有道有人"这个道理的总结。

下面这句是对这一段的总结。"是故君子有大道:必忠信以得之，骄泰以失之。"意思是因此君子是有大道可循的，必以忠诚信义而获得人心，骄奢放纵而失去人心。忠信，是表示只要有道、有德，就能得天下、得人心。"骄泰"，就是指失德了，必定失去天下。

这个大道就是"大学之道"，或"絜矩之道"，或"内圣而外王之道"。要想外王，必须先要内圣，也就是永远拿尺子量好自己。

这段"有德有人"的小意群，论述结构很简单，一句诗配一句曾子的评语，又一句诗配一句曾子的评语，最后是对两句诗的总评语。总评语就是有德才有人，失德就没人。有人以后就有国土了。这是因果关系，是必然的。

第三个小意群，讲的是"有人此有土"。

《秦誓》曰："若有一介臣，断断兮，无他技，其心休休焉，其如有容焉。人之有技，若己有之；人之彦圣，其心好之，不啻若自其口出，实能容之。以能保我子孙黎民，尚亦有利哉！人之有技，媢嫉以恶之；人之彦圣，而违之俾不通；实不能容。以不能保我子孙黎民，亦曰殆哉！"见贤而不能举，举而不能先，命也；见不善而不能退，退而不能远,过也。唯仁人,放流之,迸诸四夷,不与同中国。此谓唯仁人,为能爱人,能恶人。

【浅释】

《秦誓》说,如果有这样一位大臣,忠诚老实,虽然没有什么特别的本领,但他心胸宽广,有容人的肚量,别人有本领,就如同他自己有一样;别人德才兼备,他心悦诚服,不只是在口头上表示,而是打心眼里赞赏。用这种人,是可以保护我的子孙和百姓的,是可以为他们造福的啊!相反,如果别人有本领,他就妒嫉、厌恶;别人德才兼备,他便想方设法压制、排挤,无论如何容忍不得。用这种人,不仅不能保护我的子孙和百姓,而且可以说是危险得很。发现贤才而不能选拔,选拔了而不能重用,这是轻慢。发现恶人而不能罢免,罢免了而不能把他驱逐得远远的,这是过错。有仁德的人会把这种容不得人的人流放,把他们驱逐到边远的四夷之地去,不让他们同住在国中。这是说,有仁德的人既能爱人也能处罚人。

【解析】

"《秦誓》曰",《秦誓》是现存《尚书》里的最后一篇,是秦穆公出兵的一篇诰文。

"若有一介臣",意思是如果有一位这样的大臣。

"断断兮,无他技",意思是忠诚老实,没有其他特别突出的特长,如同《论语》讲的"大哉孔子!博学而无所成名"(《论语·子军》)。

"其心休休焉",意思是他心胸宽广。"休休"就是很美、很宽广,就是指心空了,也是指心歇下来以后,内在的休美和外在的休美。《尚书》第一篇《尧典》中,对帝尧的评价就是:"钦明,文思,安安。"这个"安安"就是指内安、外安;内安表示得道,外安表示有德。这里的"休休"也是表示内安外安、内空外空。第一个"休"是描述真空之心,即道;第二个"休"是描述心之真空,即德,也就是说虽然他什么技能都没有,但是他有道有德。

"其如有容焉",意思是他的心胸非常宽广。宽广到什么程度呢?如果明白大道三观就会知道,这种人就是圣位的圣者,什么都能容,因为他知道一切都是"幻影",哪还有容与不容呢?

"人之有技,若己有之",意思是别人有什么本事,就跟自己有这些本事是一样的。这说明,这位圣者在道体上看待一切众生,都是一体的,不是站在个人角度,是站在道的高度，看待每一个众生的觉醒和进步，都很开心，因为所有的众生都是道体的一部分。

"人之彦圣，其心好之"，意思是别人德才兼备，他心悦诚服很开心。就是说看到别人好，他的心里就非常开心。"彦圣"，德才兼备的意思。

"不啻若自其口出，实能容之"，不只是在口头上表示，而是打心眼里，发自内心地去赞赏。"不啻"就是不只是的意思。

为什么普通人理解不了这句话？因为没有站在道体上，如果站在自我的角度，站在小我的角度，就理解不了这句话的深意。

虽然这个人没有任何技能的表现，但他就是道的化身了，已经是道本身了，看到任何一个依道而生的众生，不管是觉悟还是不觉悟，但凡他们有一点儿进步，他都会感到很开心的。

所以说，这部《大学》，一定是要站在圣人的高度来读，这才叫"大学之道"。

"以能保我子孙黎民，尚亦有利哉！"意思是用这种人就可以保护我们的子孙和百姓，是可以为我们子孙百姓造福的。

这是秦穆公的一位臣子劝谏秦穆公如何用人。前面这句讲，这个人虽然没有突出本事，但是他有道和德，就一定能够保护子孙黎民。

反过来说，如果在上位的人用的臣子是小人，会怎么样？

"人之有技，娼嫉以恶之"，意思是如果别人有本领，他就因嫉妒而厌恶对方。"娼嫉以恶之"，说的就是特别地羡慕嫉妒恨。

"人之彦圣，而违之俾不通"，意思是别人德才兼备，他却想办法不让这种德才兼备的人得到任用。"违之"，就是想办法让这样的人不要被任用；不通，就是不让君主知道有这样的人。

"实不能容"，意思就是打心眼里头不能容纳真正有才干、有道有德的人。

"以不能保我子孙黎民"，意思是这种人是没有办法保全我的子孙黎民的。

如果把"实能容之"和"实不能容"的主语，理解为秦穆公也可以，就是说秦穆公应该去容这些有道的人，而不要去容这些阻碍圣贤的小人。

"亦曰殆哉"，意思是如果用这样的小人，就完了。

"见贤而不能举，举而不能先，命也"，就是有贤人来，你不能举他，推举了他，又不肯重用，这是自命不凡。"先"，就是让他位置先于自己，就是重用的意思。"命也"，是轻慢、自命不凡的意思，自命不凡浓缩为一个"命"字。

"见不善而不能退，退而不能远，过也"，意思是发现了恶人而不能罢免，罢免了还不能把他远远地驱逐和流放，这是过错。

"唯仁人，放流之，迸诸四夷"，意思是有仁德的人，会把这种容不得人的人流放，把他们驱逐到边远的四夷之地去。

之前讲过天子有"五服"，即甸服、侯服、绥服、要服、荒服。"要服"与"荒服"就是属于四夷了。也就是说，志同道合的人在一起，志不同道不合的人不能在一起，要把向道的人留在身边，把毁道、坏教的这些人流放到远方去。

"不与同中国"，意思是不能让这些小人在"中国"里待着，因为他不是跟你志同道合的人。

"此谓唯仁人，为能爱人，能恶人。"意思是只有有仁德的人既能爱人，也能处罚人。最后这句话，是曾子引用孔子的话总结的。

"仁人"，指有道的人。"爱人"的意思，是说明只要想得到教化的人，仁人一定会舍身教化你；如果你不想得到教化，并且来捣乱的话，仁人也能把你驱逐和流放走，不要让其在这个学道的学校里捣乱。这就是"有人此有土"，我们保的是想要进入中华学堂学教、修道的人。只有志同道合的人在一起，才有"中华"，中华大道的环境才纯粹。一定是以"道盛德至善"为中心，然后一层层地向外辐射和教化众生。

记住，中华的"土"全是志同道合的人所待的地方，这叫"有人此有土"。

我们再总结一下"有人此有土"这段话。

如果一个人有道有德，但是没有所谓的"本领"，他是能够保天下的，因为他能容人。如果一个臣嫉贤妒能，阻碍真正的圣贤人得到任用，这样的人要把他流放得越远越好。这是《秦誓》这段话的意思。

曾子用这段话想引申出更深的意思，即"中国"是怎么形成的？中国的土地范围是怎么形成的？

中国古代的"土"，是以上位者有道来吸引有道、向道的人，建立一个"人心"的体系。只要把"人心"体系理顺，按照道和德的高度，不同等级的人分配好"五服"以后，"五服"之内就各自都是修道、心向中央的人，中华之土、中国之土也就这样形成了,这叫"有人此有土"。这里的"人",指的是向道的人,向道的人从哪儿来的?是因为在上位的人有德而吸引来的,"有德此有人"。而德是从哪儿来的?是靠修道而有的德。

所以,还是回到这个道理上,因为修道而有德,有德就有人来投奔,把不是真心求道的人以及捣乱的人驱逐走,剩下的就全是真心修道的人了。有这样的修道之人在身边,自然就有土地,这个土地会越来越大,这就叫中国的天下,也就变成中华了。这叫"有德此有人""有人此有土"。

第四个小意群,讲"有土此有财"。

生财有大道:生之者众,食之者寡,为之者疾,用之者舒,则财恒足矣。仁者以财发身,不仁者以身发财。未有上好仁而下不好义者也,未有好义其事不终者也,未有府库财非其财者也。孟献子曰:"畜马乘,不察于鸡豚;伐冰之家,不畜牛羊;百乘之家,不畜聚敛之臣。与其有聚敛之臣,宁有盗臣。"此谓国不以利为利,以义为利也。长国家而务财用者,必自小人矣。彼为善之,小人之使为国家,灾害并至,虽有善者,亦无如之何矣。此谓国不以利为利,

以义为利也。

【浅释】

获得财富有正确的途径：多生产、少消费，生产时勤奋、消费时节省，财富便会充足。仁者以财富换取德行（舍去财富、无私无我之行换取德行），不仁者用德行换取财富（寻求自私自利，透支阴德）。没有君主好仁而百姓不义的，没有君主（百姓）好义而做事不成的，哪个库房里的财富不是属于君主的呢？孟献子说，养了四匹马拉车的士大夫家，就不要再豢养鸡猪；祭祀用冰的卿大夫家，就不要再去豢养牛羊；拥有一百辆兵车的诸侯之家，就不要去豢养搜刮民财的家臣。与其豢养那些搜刮民财的家臣，还不如直接豢养盗贼呢。这是说，治国不应该以财货为追求，而应该以仁义为追求。做了国君却还一心想着聚敛财货，这必然要么自己是小人，要么是有小人在诱导。如果把小人当作好人，让他们去处理国家大事，结果是天灾人祸一齐降临。这时虽有贤能之人，却也无法挽救了。所以，治国不应该以财货（国富民强）为追求目标，而应该以仁义（觉醒）为追求目标。

【解析】

这段话，最后一句是曾子的总结："国不以利为利，以义为利也。"我们为这段话提炼总结的是"有土此有财"。有"土"以后怎么才能有财呢？只有散财、得人心，才能有"财"，而不是有"土"以后去聚"财"。比如有些人，继承了天下或一个邦国，然后就开始敛财，最后财也没有得到，国也亡了。

曾子用反面的例子来教育大家，我们逐句解释一下。

"生财有大道"，生财的大道是什么？前提是先有德、有人、有土，然后才开始生财。怎么生财？没有别的途径，曾子讲，用"舍"财的方法就生财了，包括一开始讲的多生产、少消费，勤劳、节俭，都属于舍的道理。

有人会问，舍财怎么还能生财呢？因为舍财者有"德"，有德者，就有"义"，有义，就有"人"。如果人心都归顺天子了，那全天下所有的财，不就是共享共用的大财了吗？哪一个邦国府库里的东西不是天子的？这才是生财的"大道"。

"生之者众，食之者寡，为之者疾，用之者舒，则财恒足矣。"这是讲一个国家，参与生产的人多，消耗的人少，或者说生产的多一点儿，用的少一点儿，不要浪费。劳动的时候，勤快一点儿，消耗的时候，慢一点儿，就会恒足。我们提倡的勤学、勤劳、尽责、惜福、布施，也是这个道理，中华之所以有勤劳而节俭这个优良传统，是因为中华自古理财的观念就是为道生财，而非为财生财。

"仁者以财发身"，讲的就是有道的人，以舍财来使德行提高，也就是以财富换取德行。因为在有道者那里，没有"我想""物想"，根本就不会有凡夫那样的财富想，如果有财来，必定是随缘而用，"素富贵行乎富贵"，不会贪著，也就自然而然增长了德性。

"不仁者以身发财"，意思是不仁者是以"德行"换取财富。大家可能会问，不仁者哪里还有德行呢？是因为祖先有德，到他这里继承王位了，然后他用祖先的阴德来换取自己的财富，这叫"不仁者以身发财"。

对于我们普通人，怎么才能以财发身呢？我建议就做一件事，那就是天天践行无私，毫不利己，专门利人，你会发现自己的命运越来越好，这就叫"以财发身"。

怎样叫"以身发财"？就是反过来，念念自私自利，无信无义，透支自己的德行、信用，往前透支祖宗留下的阴德，实质是"刨祖宗坟"，往后透支子孙未来的阴德，实质是"断子孙粮"。

"未有上好仁而下不好义者也"，只要君主真正做到"无我"，百姓就一定能做到"无私"。"仁"属于无我，"义"属于无私。

"未有好义其事不终者也"，意思是如果百姓都好义，都行无私了，君主做什么事都能成功。

"未有府库财非其财者也"，讲的是如果天下的君主都是"无我"的，百姓都是"无私"的，天下哪个库房里的财富不是大家共有的呢？因为大家都来自大道，都是同一颗道心。这是真正的理想国，是真正的大同世界。从上到下都勤劳、节俭，从上到下都"无我""无私"，都不贪财，这样的国度，怎么可能财用不丰呢？

接下来，曾子借用孟献子的一段话，讲了一个反例。

"孟献子曰：'畜马乘，不察于鸡豚。'"孟献子说："养了四匹马拉车的士大夫家，就不再豢养鸡猪。"你家里都有马乘了，还会跟百姓争鸡和猪吗？这句话是个比喻，说的是君主是以道德为财富，有大财富者（即道），是不会计较小财富的。

"伐冰之家，不畜牛羊"，意思是祭祀用冰的卿大夫家，就不要再豢养牛羊。这就更高级了，有大富贵的人家里都有冰窖，冬天伐了冰存在冰窖里，夏天能用冰所保存的祭品来祭祀，这样的人连牛羊都不用畜养了。这也是比喻君主有道有德，是不会跟百姓计较利益的。

只有失道、失德的人，才会计较利益，这就是孟子讲的"上下交征利，国将不国"的道理。如果君主没有大财富（即道和德），就只能跟凡夫一样去追求利了。

君主如果不站在中华大道三观的高度上，眼里必然看重外物，就不可能"无我""无私"。所以，如果一个人的世界观不转变，是根本理解不了"大人"的富贵，也理解不了有道之圣者的德行的。有道有德的人，是不会跟百姓一样去追逐如幻影一般的物质的。

"百乘之家不畜聚敛之臣"，意思是拥有百辆兵车的诸侯之家，不会豢养搜刮民财的家臣。应该畜养什么人呢？应该畜养贤臣、名士，和他一同来教化众生。

"与其有聚敛之臣，宁有盗臣"，意思是与其豢养那些搜刮民财的家臣，还不如直接豢养盗贼算了。实际是说，"聚敛之臣"就是另一种盗贼。

"此谓国不以利为利，以义为利也。"意思是这就是治国不应该以财货为追求，而应该以仁义为追求。也就是说，即便当了君主，让百姓生财，只不过是养民安民的方法，也不要忘记根本旨归——觉醒。作为君主，最终的目的是带领士大夫阶层共同教化百姓觉醒，是以行无私的"义"为阶段性目标，以"仁"为最根本的追求，这才是治国的根本目的。

下面是曾子对于这段话的总结。

"长国家而务财用者，必自小人矣"，如果管理一个国家，把追求财富作为根本目标的话，这必然是有小人的认识在诱导。什么样的人是小人？只要不是以无我、无私之行为目的的，都是小人。

举个例子，孔子批评说"管仲之器小哉"，大家知道历史上最著名的小人君臣是哪一对？就是管仲和齐桓公，他们两个是典型的小人。因为这两个人都是以富国强兵之利益作为治国根本目的了，而忘失了以教化全体众生觉醒，以共同走上"道、德、仁、义、礼"这条路为治国根本了。

这也就是孔子所说"春秋无义战"的原因。春秋没有一场争战是为了维护中华道统和教统的，都是打着"尊王攘夷"的旗号，实际是为自己可以称王称霸，为了把梦做得更好而战、而争的。所以，春秋诸侯之争战，都是忘义为利而战。

"彼为善之，小人之使为国家，灾害并至"，意思是如果你把这样的小人当作好人，让他去处理国家大事的话，结果一定是天灾人祸一齐降临。

以"有我"的人生观、自私自利的价值观来治理国家，一定是"上下交征利"，因为这样的管理者跟普通百姓没有区别，就不是"君子求仁得仁，小人求利得利"了，全天下都变成求利了。当所有人都求利的时候，是不是谁的权力大，谁占统治地位，就一定会获得更大的利？于是一定会出现穷兵黩武、阶层固化、阶级斗争。任何一个失道的君主带领下的国家，都会是这样的，这跟地域、跟政治制度都没关系，只与是否有道相关。

"虽有善者，亦无如之何矣。"讲的是君主是小人，又找了一帮小人来当政，天下即便有明白人，也无可奈何了。善者，就是明白道的善德之人。

这就是为什么道家那些明白人最后都成了隐士的原因。因为整个教统都被破坏了，君主都失道了，找小人来把持朝政，这些明道的善者能去哪儿啊，只能在民间默默传道，希望给中华留一颗今天咱们还能听到的"道种"。

"此谓国不以利为利，以义为利也。"意思是，这就是说，一个国家不应以追求财货、追求国富兵强为目的，而应该以追求"义"为目标。有"义"，必然国富兵强；没有

"义",就算国富兵强,也维持不了多久,一定会从内部崩塌,因为内部迟早会因阶级斗争而激化矛盾。

这说明只有"唯道史观"才是活的。唯道史观是由有道有德的上层觉醒阶级引领的,全部都是以道和德为旨归,都是"求仁得仁"的君子,他们绝不会再以求利为目的,所以一定不会发生阶级之间的矛盾,一定不会有阶级斗争发生。持有唯道无物的世界观、唯用无我的人生观、唯公无私的价值观的君子,绝对不会与持有自私自利价值观认识下的小人发生争斗。千万要明白这个道理,古人早就给出了"齐家治国平天下"的根本原理和方法了。

纵观历史,夏、商、周、秦、汉、三国、两晋、南北朝、隋、唐、宋、元、明、清,哪一朝哪一代灭亡的时候,都是这种局面,先是君主变成小人,然后大臣也普遍变成这样,虽然可能还有几位明白人,也无可奈何了,最后这个朝代就亡了。因为这种局面会形成阶级斗争,有反抗,就有推翻,就有朝代更迭。新上来的皇帝,也许一开始他的三观是正的,但他的后代君主,但凡三观不正,就又变成了层层聚敛剥削,阶级矛盾就又来了,形成了一个死循环,其根本原因就是失道失德。

这段讲的是"有土此有财"。有土以后,不贪恋有财,反而就有财了；如果贪恋有财，他的土就没有了，就国破家亡了。

第五个小意群，讲"有财此有用"。

《诗》云："乐只君子，民之父母。"民之所好好之，民之所恶恶之，此之谓民之父母。好人之所恶，恶人之所好，是谓拂人之性，灾必逮夫身。

【浅释】

《诗经》说，使人心悦诚服的国君啊，是老百姓的父母。老百姓喜欢的他也喜欢，老百姓厌恶的他也厌恶，这样的国君就可以说是老百姓的父母了。喜欢众人所厌恶的，厌恶众人所喜欢的，这是违背百姓的情性，灾难必定要落到自己身上。

【解析】

"《诗》云：'乐只君子，民之父母。'"意思是使人心悦诚服的君子，是老百姓的父母。"只"，通其、厥，语气助词；"君子"，指国君、领导者。

"民之所好好之，民之所恶恶之"，讲的是民之所好君主好之，民之所恶君主恶之。

《逸周书》里的文王"三训"，即《度训》《命训》《常训》，包括第四篇《文酌》，讲的是君主怎样面对民之好恶，从而建立民之常好常恶，以建立廉耻，最后使老百姓走上修道之路，这几篇文章是对"好恶"解释得最好的。曾子一定是知道"文王三训"的，因为他这里对好恶的运用非常深刻，并非一般意义上的凡夫所认识的好恶，而是因势利导，其最终目的还是教化。

"民之所好好之，民之所恶恶之"，意思就是"亲民"，亲民里的"民"分为两层，一层是大人（*君子*），一层是小人，就是"君子求仁得仁，小人求利得利"，大人和小人都能使之满足，这叫"民之所好好之"。

"民之所恶恶之"，表达的是小人好生恶死，君子好仁恶不仁，君主都能使之满足。

也就是好民之所好、恶民之所恶，就能把民导归正路，才能成为民之父母。不要把民之"好恶"只理解为"好利"一个角度，要知道"民"里还有君子，还有更高的精神追求者，还有要解脱生命，还有要获得道德之圣位的人，并非都是蝇营狗苟的人。作为君主，一定要给所有人都能指出出路和方向。

"此之谓民之父母。"意思是这才称得上是民之父母。

"好人之所恶，恶人之所好"，讲的是如果搞颠倒了，就是喜欢众人所厌恶的、厌恶众人所喜欢的。"好人之所恶"，就是百姓爱财君主与之争财，百姓就失财了，把百姓失财变成君主所好了。"恶人之所好"，也是这层意思，比如对君子而言，君子想修道，你却让他贪财求利并沉迷于梦幻当中，这是"恶人之所好"。

"是谓拂人之性"，意思是这是违背百姓的情性。对君子来说，如果君主强行灌输"要做好梦"，君子就不愿意跟随他了；对小人来说，如果君主还抢小人的东西，小人也不愿意跟随他，君子和小人都被拂逆了人情和爱好了，这是"拂人之性"。

"灾必逮夫身"，意思是灾难必定要落到自己身上。

这讲的是"有财此有用"，而且要善用。财要还给百姓，先安其身，进而时机成熟时，再化其心，即教化觉醒。

在中华古代的体系里，君子和小人之间，也有"财"的关系。小人发展财富到一定阶段，不会只满足、停留在生理和生存的需求上，也会向精神层次发展，即希望跟君子学习。这就需要有君子留形住世，而由需要求道的小人，供养这些修道的或者得道的君子，这就是中华古代的俸禄制度。

诸侯方国里，有君主、卿、大夫、士等教师层级，即君子阶层。普通百姓为了获得教化，会自愿把公田的收成供奉给教师家族，下士获得的俸禄相当于一个农民的收成，即一块公田的收成（井田共分九块，即八块私田与一块公田），中士获得两块公田的收成，相当于两个农民的收成，上士获得四块公田的收成，大夫获得八块以上公田的收成，卿获得三十二块公田以上的收成。得道、修道的人住在世间，向道的百姓才来请教，这就是"财"的正用。其实在君子眼里，视这些财富如空花水月，根本不值一提，只是考验学道者是否心诚罢了。

所以，向道的民众自动地、真心情愿地，把这些俸禄贡献给觉悟了的人，希望别嫌弃他们，留在世间教化他们，所以体现为"俸禄制度"，这是"有财此有用"的道理，即财的正用。"小人求利得利"之后，想要求仁的时候，就把财贡献给君子，与君子交换"道"，而君主只是负责让大家自愿地完成这件事而已，这叫作"有财此有用"，即有财善用。

下面是最后一个小意群,讲"修身为本",是全文的总结。

是故君子先慎乎德。有德此有人,有人此有土,有土此有财,有财此有用。德者,本也;财者,末也。外本内末,争民施夺。是故财聚则民散,财散则民聚。是故言悖而出者,亦悖而入;货悖而入者,亦悖而出。《康诰》曰:"惟命不于常。"道善,则得之;不善,则失之矣。

【浅释】

所以君子治国首先注重修养德行,有德行才会有人拥护,有人拥护才能保有土地,有土地才会有财富,有财富才能供给使用。德是根本,财是枝末。假如本末倒置,就会与民争利了。所以说,财聚则人散,财散则人聚。正如自己不讲理,人家就会不讲理,不是好来的钱财,也不会好去。《康诰》说,天命是不会始终如一的。这是说,行至善之道便会得到天命,不行至善之道便会失去天命啊。

【解析】

"是故君子先慎乎德。有德此有人,有人此有土,有土此有财，有财此有用。"这句话作为"治国平天下"这部分的总结，与前面五个意群的意思是天然吻合的。

"德者，本也；财者，末也。"有德就有财，但是有人、有土、有财后不要迷惑，最终目的还是君主有德，并教化大家得道归德，全体都要觉醒。所以，德是本，财是末，只要有德，自动一切都会好起来。

我们古代的圣贤不懂科技吗？为什么不发展科学技术？就是怕大家落在梦里不觉醒。衣食够用就好了，来到中华，是要觉醒的，不是来做梦，不是来发财的。

《大学》到最后，到"财"这儿了，曾子还在提醒大家，中华是干什么的，君主与君子是干什么的。

"外本内末，争民施夺。"意思是如果本末倒置，就会与民争利了。"外本内末"是因，"争民施夺"是果。外本就是把本末颠倒了，本应该在内，末应该在外；外其本而内其末，就是颠倒本末了。"外本内末"，说明君主以谋财为目的了，这跟管仲、齐桓公是一样的做法，到后来，战国、秦、汉以后所有的君主，全是这样本末颠倒了，所以一定逃不出王朝更替的轮回魔咒。

"是故财聚则民散，财散则民聚。"君主不是为了聚财而来的，是为了教化全体觉醒而来的；如果君主不重视财，而是把财散给百姓获得他们想要的，百姓就会聚合靠拢过来。君主只要一重视财，就说明君主已经失道了，已经迷失了，如此一来，民心离散，天下就崩亡了。

"是故言悖而出者，亦悖而入"，讲的是如果自己不讲理，别人也就不讲理。如果自己失信，最后得到的是失信的果，也就是说如果自己失德，将来要自作自受。

"货悖而入者，亦悖而出"，意思是不是好来的钱财，最后也都得付之东流。

这两句是讲因果不虚。中华大学之道的因果是"道盛德至善"，如果道盛，自然"有德此有人，有人此有土，有土此有财，有财此有用"。一旦颠倒，不是内圣而外王（wàng）了，而只想外王（wáng），那一定失去内圣，一定因果不虚，报应不爽。

如果作为天子只是为了让百姓过好日子，仅仅追求吃饱、穿暖、衣食无忧、太太平平过一辈子的话，可以告诉大家，这就已经是迷失了！如果迷失了，最后就一定"过不好"。也许这样暂时可以满足那些没吃饱而想要吃饱的人，但是已经吃饱的人，财富已经聚很多的人，他要找更高的方向，却找不到。没有真正更高的方向的时候，他只会想着要名闻利养，就想把梦做得更长，因为他没有更高的追求了，这一定是没有出路的。

所以，一定要让全民在吃饱以后，还能找到更高的追求，而且这个更高的追求，一定要君主自己率先垂范出来，整个国家才有真正的旨归方向。

"《康诰》曰：'惟命不于常。'道善，则得之；不善，则失之矣。"最后引用《康诰》里的一句话。

《康诰》是成王给康叔的一个诰命或册命。成王的时候，发生"三监之乱"，即管叔、蔡叔、霍叔联合武庚叛乱。因为早年武王派遣其兄弟管叔、蔡叔、霍叔在殷都附近建立邶、鄘、卫三国，以监视武庚，史称三监，周公旦平定"三监之乱"以后，辅佐成王册命康叔管理原来殷商故都，也即三监的土地。成王作此篇《康诰》，特别提醒康叔。因为当时的形势非常危急，天下人心不稳，一旦失德，就很容易再次失去天下。整部《大学》的最后一句话，引用了《康诰》中的一句，就是要提醒大家，要随时保持这种危机感。

"惟命不于常"，意思是天命不是恒常的，"命"指天命。不是说你今天当了天子，就一直是天子，并且世世代代永远是天子了。不管你是什么江山，也不管你这一朝是什么命，天命都不是恒常的。

"道善，则得之"，意思是行至善之道，便会得到天命。道，做动词用，是行道的意思；善，做名词用，就是止于至善。前面讲至善是本，至善必须是大道三观皆正，以唯道无物的世界观和唯用无我的人生观，自动行出唯公无私的价值观，这叫至善。只有止于这个至善，取法于这个至善，或行这个至善，才能得之。得什么？得天命，换句话说，才能守住所谓的江山。

"不善，则失之矣"，意思是不行至善之道，便会失去天命啊。不善，是道不善的意思。如果不是以大道三观皆正的至善之道作为旨归，而只以无私的价值观，用有我的人生观和有物的世界观的话，同样是"道不善"，最后也一定失之。无私的价值观，一定是来自无我的人生观自动行出来的；无我的人生观，一定来自于无物的世界观，否则是传不下去的。

所以，世界观和人生观才是真正的根本。世界观不转变，就没有"道"；人生观不转变，就没有"德"，自动就不会有至善，不可能"止于至善"。如果君主与士大夫不止于至善，那么最后的结果就是"不善，则失之矣"。

这就是"惟命不于常"的"不常"的根本原因，道至善，则得之，道不是至善，则失之矣。

只有战战兢兢、如履薄冰地保持三观皆正，才能维持天命。只要世界观一失，人生观马上就失，价值观保证就失去了，这是必然的。如果没有人修道，不管上下左右，一定是交争利，最后一定是阶级固化，而产生阶级斗争；当推翻了旧的统治阶级以后，一定会生出新的统治阶级，之后再继续这个轮回，永远没有出路。

我们的古圣先贤，从一开始就指明了解决方案，即"大学之道，在明明德，在亲民，在止于至善"。只有内圣，才有外王；只有内成大人，才能外化大众，才能有长治久安。这就叫内圣外王之道，或自正正人之道，或自觉觉他之道，也叫挈规、絜矩之道。这个是从伏羲、女娲传下来的方案，是我们中华人文始祖代代传承的大道和圣教。这就是孔子"祖述尧舜、宪章文武"的宗旨，由曾子浓缩为这短短 2000 多字的《大学》。

最后，希望大家能用最正确的认识来学习《大学》这篇千古雄文，知道《大学》是讲中华大道三观和圣人之教五纲的整体体系，是结构严谨的教化纲领。哪怕只有《大学》的脉络章句，或结构导图，能流传在世间，对中华以及对人类的未来，都将是功德无量的。

附录 同仁问答

有同仁提出来一些问题，在此回答一下。

问："虑"是不是指"止观"？

答：止观是佛家的词汇，"虑"就是指"止观"，虑深通敏。其实用词不是很重要，修道不是背词，我在这里形容得再准确，你们还是理解不了。要怎么做呢？就是要"知止、定、静、安"，全做到了，到"虑"时，自动就虑深通敏、敏则有功了。也就是说要把外在的"无私"行满，把内在的"无我"做到，那么"虑"和"得"就是一个必然的结果。

问：生活中有这样一些人，虽然文化程度不高，但寡言、真诚、行事简单、断事果决、正义，这是否是天生的君子？

答：其实每个人天生都是君子，现在你只要不迷，以无私、无我去行，已经就是君子了。你判断不了别人是不是君子，但是可以判断出他的行为是不是君子之行。如果他行出来的是无私，说明起码他的行是君子表现，但是他心里面是不是经过斗争才做到的，你是不知道的，这就是"无私"和"无我"的差别。如果他外面的行都是无私的，里面是经过斗争之后，做出的无私之行，这就叫君子；如果里面没有经过任何斗争，直接随缘而行，里面就是"无我"，这就叫贤人；圣人比贤人还高一层，更圆融。

这就是为什么我们中华上下皆以修身为本，因为凡夫是判断不了圣者内在的，只能看出圣者的行为来。所以，外面的无私才是教化民众的根本，这是民众唯一能看到的地方。判断所谓的君子和小人，只能从他的行为上去判断，但是他里面修为到什么程度，是看不出的。凡夫看不出谁是"义人"、谁是"仁人"，为什么呢？因为到"义"的层面，行为上就已经完全做到无私了。"义"是个很关键的词汇，一般人是分不出子路和孔子的区别的。子路在行为上，是完全无私的，孔子在行为上，也是完全无私的，但是他们的内在有差别，但是凡夫一般是区分不出来的。只有孔子能说出"必也使无讼乎"。只有站在更高的高度上，才能分出谁是仁者（*即圣人*）、谁是义者（*即贤人*）、谁是礼者（*即君子*）。自己的修身水平，处于底下的人是区分不出来的，所以也别试图去看，修道的人应该是永远只看自己是怎样的人，唯一应该做的永远是"行有不得者则反求诸己"。

附录　同仁问答

问：《大学》所悟之道跟老子之道有何异同？可否理解为同样的境界？

答：是一样的。《大学》是曾子传的，曾子的老师是孔子，指引孔子得道的老师，就是老子。孔子在周游列国之前没有得道，他在周游列国的时候遇到老子，在老子的点化下开悟而得道了。然后，他结束了周游列国，回家教化弟子，才有了后面儒家的这些传承。所以，中华之道是同一个道，没有第二个道。

可以理解为同样的境界，完全一样。老子和孔子讲的都是中华大道三观和圣人之教五纲。但是，后来因为中华的机缘不够了，一部分人就变成道士去传道，专门修回"道"这一层，独善其身，因为他们没有机缘去普遍教化众生；有一部分学者不甘心，还希望把教统传续下去，兼济天下，一直在孜孜不倦地努力，这就是后来儒家传承和道家传承的分野。儒家出仕，偏重于"教"；道家隐遁，偏重于"道"。道统和教统后来分流，也是因为中华没有这个机缘了。

问："一人定国"是什么意思？

答："一人定国"就是"一人定邦"。大家首先要明白一个过程,这个"国"是从哪儿来的。先要记住,国是由家来的,是由很多个家族来的,而家是由一个得道的人来的。

讲一个周朝的故事。西周加东周八百年基业,了不起,阴德很厚。周的祖先是谁?周的开国君主是武王,武王的父亲是文王,文王的父亲叫季历,季历的父亲叫古公亶父,也叫太王。古公亶父可是孤身一人重新兴起了周邦。周邦虽然前面有十几代的传承,但是他们的家族是流落到野蛮地区的,住在戎狄之间,跟蛮夷族在一起生活,他们自己开垦荒地,因为农耕搞得好,结果蛮夷人老是来要牛、要羊、要粮食、要布帛,但蛮夷人并不满足,最后还要跟周邦打仗,结果周邦的百姓都怒了,百姓要求古公亶父跟他们去打。

知道古公亶父讲了什么吗?他说:君王的存在是为了安民而化民,所有的君王都是这么来的,如果我让你们跟他们去打仗,你们就可能牺牲。他们来这儿无非是想得到土地和人民,不也得安顿你们,也得干安民和化民的事吗?我不跟他们争,连国土带人民全送给他们。古公亶父就带着几个亲族和自己的家人赶着牛车,翻山越岭,到了今天陕西宝鸡岐山这一带,到一个新的地方,决定自己去拓荒了。

大家都知道,一个小家庭里没几个人吧?古公亶父把多少年的祖宗基业都送人了，他有道行德吧？他是为别人着想。到岐山以后，出现了什么情况？古公亶父原来旧方国的百姓一听明君走了，都说："我们也走吧，我们只要跟着太王，他在哪儿，我们就在哪儿，我们其他什么都不要，就跟着太王。"这个族群的百姓络绎不绝地去投奔古公亶父，戎狄之族的那帮人，也纷纷赶着车、带着马去投奔古公亶父，周围所有的邦国以及小部落的人，听说古公亶父到岐山去了，都去追随他。结果，一年成聚，即成聚落了；二年成邑，即成城市了；三年成都，"都"是什么？王城曰都，大城曰都，说明三年就形成一个新的国了。

这是怎么来的？首先是古公亶父个人有道，然后是家风有道，他要走，全家愿意跟着走，什么都能舍弃，说明这是个了不得的家，不是一般的家，起码他的正妃太姜能跟着，太姜了不起，是姜太公那个族的。然后，他的家齐，因为全家人齐心修道行德，整个的族人全来了，最后就变成大家族了，这就有邦了；等别的邦再来投奔他，这不就有国了吗？只用了三年，一个国就成立起来了。

还有一件事，太王的大儿子泰伯、二儿子虞仲都主动让位，为什么？因为太王的三儿子季历生了一个好儿子，叫姬昌，即后来的文王，文王一看就有德。按理说，老大得继承王位，但是他要让贤给最有德的，为了将来传位给文王，老大、老二主动离开了自己兴旺的大邦，不要王位，他们以给父亲采药为名义，跑到东南的吴越地区，断发文身，披发左衽。泰伯和虞仲是吴国、越国的祖先，在今天绍兴这个地方，还能看到泰伯和虞仲的墓。

老三季历即位以后，当时商是帝乙时代，帝乙还把自己的亲妹妹嫁给他。后来因为季历太有德了，周围全部的诸侯都主动归附于周邦，商王又忌惮他，就把季历给杀害了。

季历被杀害以后，文王姬昌继位，他依然不反叛天子，还是教化众生，依然有道行德。商纣王又准备把姬昌杀了，后来大家想办法救他出来，用各种各样的东西贿赂纣王的宠臣费仲，让费仲去跟纣王说，最后纣王把姬昌放回来了，没过多久，姬昌就故去了。纣王无道，天下人说："这个天子太无道，我们不能让他来领导我们了。"天下公推诸侯周为代表，打算把纣王给换了。这就有了后来的武王"盟誓孟津"，以及后来的"牧野之战"。在这次战斗中，纣王七十万大军阵前倒戈，武王就把纣王打败了，最后拥有了天下。

"拥有天下"是怎么实现的？是因为有一个人有道，持续地使家族有道，家族代代传承，有道而行德，天下来归顺你，而不是你去蓄意争夺天下，这是"一人乎"吧？反过来，你如果是天子族的，继承了天下，一旦失道了，也会瞬间灭亡。商邦原来是多么强大的一邦，从商汤"七十里伐夏桀"开始，有伊尹、仲虺、汝鸠、汝方等这么多人帮助，再往下到太甲，后来有太戊、盘庚、武丁，一代一代了不起的王，到帝乙的时候，就不太行了，但还不至于说一夜之间五百多年的大商邦，就能马上被推翻了？就因为纣王一人彻底失道，纣王身边有这么多的贤臣，有比干、微子、箕子，有父师、少师等，有这么多有道的贤人，但纣王都不听，比干死，箕子囚，微子逃，就因一个纣王暴虐无道，没几年天下就丢了。这是不是也是"一人乎"？正面是"一人乎"，反面也是"一人乎"，这就是"一人定国"的深意。